한국 독립운동의 혁명 영수
안창호

한국 독립운동의
혁명 영수

안창호

| 장석흥 지음 |

2005년 『임시정부 버팀목, 차리석 평전』을 낸 바 있다. 그때만 해도 차리석이 널리 알려진 독립운동가가 아니라서 자료를 조사하는 데 많은 시간을 보내야 했다. 그러는 동안 차리석이란 독립운동가를 가까이 대하면서, 여기저기 자료를 엮어 간신히 한 권의 책으로 펴낼 수 있었다. 지금 보면 부끄러운 내용이지만, 동암 차리석과 도산 안창호의 관계가 남달랐던 것도 발견할 수 있었다. 동암은 도산의 독립운동을 두 번이나 저술로 남겼다. 1932년의 『도산선생약사』와 1938년의 『한국혁명영수 안창호선생사십년혁명분투사략』이 그것이다. 그 속에는 이제까지 알려진 도산의 모습과는 다른 독립운동의 역사가 담겨져 있었다.

저자는 그때의 충격을 지금도 잊지 못하고 있다. 왠지 도산과 혁명이 어울리지 않는다는 것이 솔직한 심정이었다. 도산하면 온건한 독립운동가, 교육가, 도덕을 앞세운 인격자, 흥사단 창설자 정도로 여겼기 때문이다. 그런데 차리석의 저술에는 도산이 한국 독립운동의 '혁명 영수'였다는 것이다. 또 말로만 전해지던 도산의 대공주의大公主義도 담고 있었다.

혁명가로서의 도산. 저자의 문제의식은 여기에서 출발했다. 도산은 과연 혁명가였는가. 그렇다면 어떤 혁명을 했는가. 혁명가라면 급진, 과격, 강성強性, 새로운 사상 등을 연상하기 마련이다. 점진·온건·연성軟性·자유주의자 도산이 무슨 혁명을 했던 것인가. 겉으로 비친 도산은 분명 온화하고 점진했지만, 내면에는 깊고 깊은 강물이 소용돌이치듯 혁명의 불길이 솟구치고 있었다.

도산은 전통사회의 신분 타파에 앞장섰으며, 일찍이 남녀평등을 실천한 선각자였다. 나라가 망해서는 독립군 기지 개척을 외치고, 독립운동의 고비마다 활로를 개척해 갔다. 1923년 국민대표회의를 열어 민족 세력의 통합을 주도하고, 1926년에는 민족대당운동을 주창해 민족혁명의 새로운 지평을 열어 나갔다. 그 과정에서 종교와 사상을 초월했으며, 세대 간의 갈등도 극복할 수 있었다. 젊은 세대들이 특히 도산을 따랐던 것은 그런 사실을 잘 말해주고 있다. 또 중국 대륙과 만주, 러시아 연해주는 물론 미국, 멕시코, 쿠바, 필리핀 등 광범한 지역의 한인사회를 아우르며 독립운동계를 경영해 갔다. 그는 단지 투쟁을 앞세운 항일 혁명가가 아니었다. 독립운동의 재정을 마련하는 데 도산만큼 노력한 이도 없었다. 흔히 독립운동의 재정을 간과하는 경우가 있다. 그러나 재정적 뒷받침이 없고서는 독립운동도 유지하기 어려운 일이었다. 도산이 아니면 대한민국 임시정부가 성립, 운영될 수 없었다는 말은 이를 두고 이른 것이리라. 도산이 독립운동에 쏟아부은 자금은 수백만 달러에 달했다. 그것만이 아니었다. 도산의 목표는 '민중에 의한 독립전쟁'을 통해 광복을 되찾는 것이었다. 그리고 광복 후 한국 민족이 나아갈 방향까지 제시하고 있었다. 이것이 혁명이 아니고 무엇인가.

도산을 '독립운동의 혁명 영수'라 이름한 것은 그런 생각에서였다. '영수'란 명칭이 다소 권위적이라는 느낌이 있지만, 지도자·선구자·개척자로는 도산의 진실을 담아내기에 아무래도 부족한 것 같아 당대 독립운동계에서 부르던 호칭을 그대로 쓰기로 했다.

이 책은 도산 안창호를 전문적으로 연구한 학술서가 아니라, 대중을 위한 교양서로 쓴 것이다. 때문에 기존의 연구를 섭렵하고 되도록 쉽게 쓰려고 애썼다. 그렇지만 민족혁명가로서 도산의 가려진 역사상歷史像을 복원하는 데 힘을 쏟았다.

이 책을 내기까지 귀한 사진 자료를 일일이 챙겨준 이명화 선생, 저자가 모르는 자료를 꼼꼼히 찾아준 김도형 선생에게 진심으로 감사드린다. 원고가 늦어져 애를 태운 이재호 선생에게도 이 자리를 빌어 미안한 마음을 전한다. 전문연구자들이 매일 만나는 연구공간에서 토론과 집담회가 일상적으로 이뤄지는 독립기념관 한국독립운동사연구소는 큰 힘이 되었다. 도산의 활동 무대는 그야말로 세계적 공간성을 지니고 있었다. 그것을 저자 혼자의 힘으로 다 추적하기에는 힘이 부칠 수밖에 없었다. 그때마다 연구소의 연구위원 선생들은 보물 같은 자료와 소중한 의견을 보태 주었다. 그래서 이 책의 빈틈을 채울 수 있었다. 그런 점에서 이 책은 저자만의 것이 아니라 연구소의 공저라 해도 틀리지 않을 것이다. 연구소의 모든 선생들께 감사드린다. 더불어 책이 나오기까지 정성을 다해 준 역사공간에도 감사의 뜻을 전한다.

2016년 11월
장석흥

도산은 누구인가

민족혁명의 영수

1932년 4월 29일 중국 상해 홍구공원에서 윤봉길 의거가 일어난 그날. 도산은 상해에서 일본 경찰에 붙잡혀 국내로 압송된 뒤 옥고와 병마에 시달리다가 1938년 3월 10일 61세를 일기로 한 많은 삶을 마감했다.

대한민국 임시정부는 중국 장사長沙에서 기관지 『대한민국임시정부공보』 3월 20일자 호외로 도산의 서거를 알렸다. 그리고 한 달여 준비를 거쳐 1938년 4월 15일 대한민국임시정부장葬으로 도산島山 안창호安昌浩의 추도식을 거행했다. 추도식장에는 도산의 서거를 추모하는 중국 관계 및 사회에서 보낸 80여 개의 만장輓章이 고인의 명복을 비는 듯 휘날렸다. 임시정부 국무위원 차리석車利錫은 추도사를 겸해 『한국혁명영수안창호선생사십년혁명분투사략』(이하 『분투사략』)이라는 글을 발표했다.

동암 차리석은 독립운동의 길에서 도산의 그림자처럼 활동한 인사였다. 도산과 차리석은 1897년 독립협회 평양지회 이래, 1907년 신민회와 대성학교, 청년학우회, 대한민국 임시정부와 흥사단, 한국독립당으로 이어지는 40년 간을 동고동락했다. 동암(1881~1945)은 세 살 위의 도산(1878~1938)을 평생 선생으로 모셨고, 늘 곁에서 도산의 독립운동을 도왔다. 도산의 주변에 사람이 많다고 하지만, 도산의 독립운동을 동암만큼 잘 아는 이는 없었다.

대한민국 임시정부 시절 도산

1932년 도산이 상해에서 붙잡혔을 때 동암은 『도산선생약사』를 써 도산의 독립운동을 역사로 남긴 바 있다. 약사略史지만 도산에 대한 최초의 전기이자 독립운동의 업적을 기록한 저술이었다. 6년 뒤 1938년 도산이 서거하자, 도산의 민족혁명사를 다시 정리한 것이 『분투사략』이다. 그런 점에서 『분투사략』은 『도산선생약사』와 함께 도산의 독립운동을 밝히는 귀중한 역사 자료이다.

『분투사략』에서는, 민족주의를 바탕으로 사회민주주의 방법을 채택하고, 세계평화에 공헌하는 것이 도산의 독립 사상이라 했다. 나아가 광복 달성 후에는 민족평등·정치평등·경제평등·교육평등을 기초로 민주공화국을 건설하는 것이며 소수 독재자와 특수 계급에 의하지 않고 오

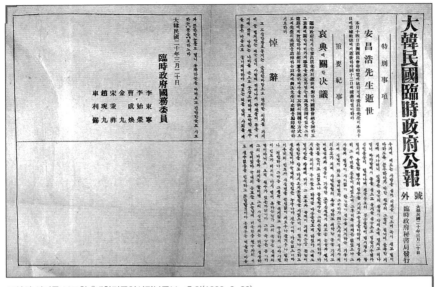

도산의 서거를 보도한 『대한민국임시정부공보』 호외(1938. 3. 20)

로지 민중적 혁명으로 독립국가를 세우는 것이 도산의 진정한 혁명이론이라 했다.

도산이 사회민주주의를 채택했다는 사실이 왠지 생소하고 생경하기까지 하다. 이제까지 알려진 도산과는 다른 모습이 아닐 수 없다. 그러나 도산의 독립운동 역정을 살피면 전연 낯설은 것만은 아니다. 도산은 일관되게 좌우를 통합하는 방향에서 독립운동을 전개했다. 도산이 주도한 1919년 대한민국 임시정부 통합, 1923년 국민대표회의 제창, 1926년 민족대당촉성운동의 주창 등은 한결같이 민족세력의 통합에 역점을 두고 있었다. 1930년 상해에서 한국독립당을 결성할 때 사회민주

차리석이 저술한『도산선생약사』

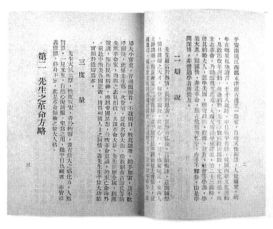

차리석이 집필한『한국혁명영수 안창호선생사십년혁명분투사략』

주의적 '균등'을 수용한 이도 도산이었다. 그렇다고 도산이 사상과 이념을 위한 '주의자'는 결코 아니었다. 사상과 이념이란 오직 최고 목표인 독립 달성을 위한 수단이자 방법일 뿐이었다. 『분투사략』에서 도산의 민족혁명이 어디까지나 민족주의에 바탕을 두었다는 주장은 그런 도산의 진실을 말해주는 것이다.

또 주목할 것은 '혁명의 무력화를 주장하시었으니 장차 전 민족이 총무장하여 나섬으로써 한국의 독립을 완성'한다는 대목이다. 도산이 독립전쟁론을 주장하고 전 민족의 무장화로 독립의 완성을 꾀했다는 것이다. 이것 역시 이제까지 알려진 평가와는 거리가 있다.

도산 하면 독립전쟁론보다 실력양성론 내지 준비론 등이 귀에 익숙하기 때문이다. 실력양성론, 준비론이란 우리 민족이 아직 실력이 모자라기 때문에 우선 실력양성을 통해 독립을 준비해 가자는 것을 말한다. 실력양성론을 주장하는 이들 가운데는 일제와 맞서기보다는 타협을 통해 실력을 양성해야 한다는 사람들이 많았다. 그러다 보면 독립운동과 친일의 경계에 서게 되고, 실제 친일로 변절하는 경우가 대부분이었다. 그러나 도산은 그런 실력양성론 내지 준비론을 철저하게 배격했다. 이에 대해서는 다시 살피겠지만, 도산의 독립운동은 흔들림 없이 독립전쟁론에 뿌리를 두고 있었다. 1907년 신민회가 해외 독립군 기지를 개척하고, 대한민국 임시정부의 이름으로 1920년을 '독립전쟁의 해'로 선포한 이도 도산이었으며, 만주 독립군의 통합에 누구보다 힘을 쏟은 이도 도산이었다. 그는 독립전쟁에 의한 독립 달성을 신념으로 삼았다. 나아가 그의 독립전쟁론은 민족의 자유뿐 아니라 세계 평화를 위한 차원에서 강구되었다. 그것은 일제와 맞서 싸우는 한국 독립운동이 반인류적 제국주의를 퇴치하는 평화운동이라는 신념에서 비롯한 것이다.

그러면 독립운동에서 도산은 어떠한 인물이었는가. 50여 년간 전 민족적으로 전개한 한국 독립운동은 방략과 이념이 다양하고 다원적이었다. 의병·계몽운동을 비롯해 의협투쟁·독립군·의열투쟁·비밀단체·독립운동 정당·혁명단체 등의 활동이 펼쳐졌고, 3·1운동과 같은 만세운동도 일어났다. 또 학생운동·농민운동·노동운동·여성운동·소년운동·청년운동·형평운동 등 사회 각 부문별로 대중적 차원의 독립운동이 전개되었다. 이념적으로도 자유주의·아나키즘·사회주의·사회민주주의·공산주의 등 다원한 사상들이 모색되었다. 공간적으로는 국내를 비롯해 만주, 연해주, 중국 대륙, 미주, 유럽, 일본 등 한국인이 살고 있는 곳이라면 어디에서든지 독립운동을 펼쳐 나갔다. 그야말로 세계적 공간성을 지닌 한국 독립운동이었다. 이 과정에서 500만 명에 달하는 사람들이 독립운동에 참가했다. 수많은 의사와 열사가 나왔으며, 독립운동의 지도자도 적지 않았다. 그러나 도산처럼 독립운동계 전반을 아우르며 경영해 갔던 지도자는 찾아보기 어렵다.

도산은 세계를 무대로 독립운동을 펼쳤고, 독립운동의 고비마다 활로를 개척한 지도자였다. 황량한 불모지였던 미주의 한인사회를 하나로 결집해 독립운동 최대의 재정적 기반을 마련했으며, 대한제국이 망국으로 치달을 때 단신으로 귀국해 신민회를 세우며 독립군 기지 개척의 길을 열어 나갔다. 대한민국 임시정부가 세워질 때에는 그 중심에서 임시정부를 경영했으며, 독립운동계가 사상과 이념의 분란을 거듭할 때 국민대표회의와 민족대당운동을 주창하며 독립운동의 위기를 극복해 갔다. 그렇게 독립운동사에서 커다란 줄기를 이루는 자취와 업적을 남긴 이가 도산이었다. 동암이 도산을 가리켜 '혁명 영수'라 이름한 것은 바로 이 때문이다.

도산에 대한 추도행사는 조선민족전선연맹의 주최로 1938년 3월 23일 중국 한구漢口에서도 열렸다. 조선민족전선연맹은 1937년 11월 조선민족혁명당·조선민족해방동맹·조선무정부주의자연맹·조선청년전위동맹 등 좌파 계열 4개 독립운동단체가 연합, 결성한 단체였다. 이 연맹은 김원봉金元鳳(1898~1958)·최창익崔昌益(1896~1957)·유자명柳子明(1894~1985) 등 젊은 인사들이 주도했다. 그런데 이들의 사상과 이념은 아나키즘·사회주의·공산주의 등 다양한 성향을 띠고 있었다. 비록 이념이 달랐다고 해도 민족독립이라는 공동의 광장에서 연대를 이루었던 것이다. 도산이 서거할 무렵 이들은 남경에서 한구로 무대를 옮겨 독립운동계의 통일전선을 꾀하고 있었다.

추도식에서 김성숙金星淑(1898~1969)은 도산의 통일전선 노선이 한국 독립운동의 큰 줄기를 이루는 것으로 높이 평가하면서, 혁명 영수의 마지막 가는 길을 추모해 마지 않았다. 김성숙은 의열단과 조선민족해방동맹 출신으로 독립운동의 3세대에 해당하는 좌파 계열의 지도자였다. 그는 1942년 대한민국 임시정부의 국무위원으로 참여했다.

50년간 전개한 독립운동은 세대별로 다양한 양상을 띠고 있었다. 독립운동은 크게 볼 때 4세대에 걸쳐 전개되었다. 1894년 의병전쟁에 참가한 1세대부터, 이후 2세대, 3세대, 4세대의 독립운동이 뒤를 이어 나갔다. 독립운동 1세대의 경우 유림계의 원로들이 의병에 참가하면서 연령층의 폭이 넓었지만(1820년대~1850년대 출생), 대체로 1870년대 전후 출생자들이 2세대, 1900년 전후 출생자들이 3세대, 1920년 전후 출생자들이 4세대를 이루었다. 이들의 지식과 사상, 시대관은 세대별 독립운동의 활력으로 나타났다. 1세대의 경우 전통 학문과 구시대적 안목에서 망국의 변을 극복하려고 했다면, 2세대는 어려서 전통 학문을 익히다가 격변기를 맞이해 신문명을

김성숙의 중산대학 졸업사진

수용하면서 구시대와 신시대를 연결하는 가교적 역할을 담당했다. 1세대의 독립운동이 전통적 의식과 방법에 의한 것이라면, 2세대는 근대적 독립운동의 첫 포문을 열어 나갔다. 신민회, 대한민국 임시정부, 독립군, 해외 한인사회에서 활약한 지도자들이 여기에 해당하고, 도산 역시 독립운동 2세대에 속했다. 3세대는 어려서 신학문과 신사상을 접하고 새로운 사조인 아나키즘이나 사회주의 사상을 독립운동에 접목하면서 독립운동의 폭과 깊이를 더해 나갔다. 3세대는 3·1운동과 함께 독립운동 대열에 합류한 뒤 1920년대 이후 2세대와 함께 독립운동의 줄기를 이루었다. 조선민족전선연맹의 구성원들은 독립운동의 3세대였다. 4세대는 1940년대 전반 전시체제에서 식민교육을 강요받던 상황에서 민족

의 양심을 지키며 항일투쟁을 벌인 학생들이나, 광복군이나 조선의용대 등 해외 독립군에서 활동한 젊은이들이었다.

한국 독립운동에서 2세대와 3세대는 중추 역할을 담당했다. 그렇지만 2, 3세대의 독립운동은 사상이나 이념적으로 편차가 두드러졌다. 주의와 이념만으로 보면 대척점에 서 있었다고 해도 과언이 아니다. 그러나 주의와 이념을 초월해 독립운동의 광장에서 세대 간 갈등과 대립을 극복해 갔다. 세대 간의 통합은 2세대가 3세대를 아우르는 형태로 이뤄졌다. 즉 3세대의 새로운 사상과 이념을 2세대가 포용하면서 통합의 길을 열어 간 것이다. 때문에 3세대가 성숙한 1920년대 이후 독립운동 세력의 통합은 2세대와 3세대 간의 소통과 단결이 중요했다. 2세대와 3세대가 따로 존재한다면 독립운동세력의 통합이 아니었기 때문이다.

1926년 도산이 민족대당촉성운동에서 이념을 초월해 2세대와 3세대의 소통과 단결을 강조한 것은 그 때문이었다. 도산이 사상이나 이념에서 개방적 자세를 보인 것은 3세대를 아우르기 위한 고민의 산물이었다. 민족대당촉성운동은 독립운동 3세대들이 대거 호응하면서 중국 대륙과 만주, 국내 등 곳곳에서 불같이 일어날 수 있었다. 3세대의 조선민족전선연맹 인사들이 도산의 마지막 가는 길을 추모한 것은 그런 연유에서였다.

그런 점에서 도산은 좌우를 초월하고 세대를 뛰어넘어 숭앙을 받는 독립운동계의 진정한 혁명 영수였다. 그것은 삼민주의三民主義를 제창한 손문孫文(1866~1925)이 중국의 좌우 모두에게 국부國父로 숭앙받는 것과 크게 다를 바 없었다.

한국의 '에이브러햄 링컨'

미국에서 도산의 서거 소식을 접한 서재필徐載弼(1864~1951)은 『한인학생회보』(1938. 3. 24)에 다음과 같은 추도의 글을 실었다.

안창호의 갑작스런 서거는 한국에 커다란 손실이다. 나와 많은 이들은 그의 비극적 죽음을 통렬하게 애도한다. 나는 그가 그의 동료들 중에서 가장 뛰어난 이라 생각한다. 나는 그가 조직을 만드는 그 능력, 어떠한 상황에서도 자신의 편에 서는 친구로 만드는 그의 인품을 존경한다. 그의 고결함에 대한 확신과 동기에 대한 존경이 없다면 어느 누구도 그러한 친구들을 가질 수 없다. 나는 최근 한국인들 중에서 그러한 확신을 심어주는 사람을 만난 적이 없다. … 그는 비천한 지위에서 훗날 조국의 지도자로서 성장한 인물 중에서 종종 발견되는 뛰어난 품성을 가진 사람이다. 미국의 에이브러햄 링컨은 보잘것없는 가문에서 태어나 가난 속에서 자라 위대한 지도자가 됐다. 안창호가 링컨과 같은 기회를 가졌다면 세상에 더 알려졌을 것이다. 내가 안창호와 교류한 것은 얼마 되지 않으며 그다지 친밀한 사이도 아니었다. 그러나 나는 안창호가 수년 전 (미국) 동부를 방문했을 때 몇 가지 흥미로운 대화를 나누었는데, 그는 나에게 높은 이상과 동시에 대량의 실제적인 지식과 상식을 가진 분이라는 인상을 심어주었다. 그의 견해는 편협하거나 인색하지 않으며 자신과 다른 의견을 고집하는 사람들에 대해 매우 관대함을 보여 주었다. 나는 그 같은 인내심을 갖고 의견을 교환하는 사람을 보지 못했다. 그의 냉철한 제안은 확고

한 신념에서 나온 것이며 솔직하고 자유로운 토론을 요구할 경우에 자신의 의견을 나타내는 데 두려움이 없었다. (밑줄은 저자, 이하 동일)

서재필의 추도사는 도산의 진실에 대해 많은 것을 시사하고 있다. 서재필은 도산을 안 지도 얼마 안 되고 친밀한 사이도 아니라고 했다. 그럼에도 한국 독립운동계에서 가장 뛰어난 사람으로 도산을 꼽는 데 주저함이 없다. 그에 따르면, 도산은 다른 생각을 갖는 사람이라도 포용할 수 있는 관대하고 고결한 인품을 지니고 있으며, 에이브러햄 링컨Abraham Lincoln(1809~1865)에 견주어도 오히려 더 큰 일을 했을 만한 인물이라는 것이다. 또한 높은 이상을 실천할 수 있는 지식과 신념, 누구보다 독립에 대한 확신을 가지고 있는 인물이 도산이라고 했다. 미국의 남북통일을 이끌어낸 링컨처럼 독립운동세력을 통합하고, 나아가 독립달성을 이끌어낼 능력을 지닌 지도자로 본 것이다.

서재필이 누구인가. 소년 급제 후 갑신정변에 참가했다가 1885년 미국으로 망명해 펜실베이니아주 해리 힐맨 아카데미를 거쳐 1893년 컬럼비아 의과대학을 나와 의사가 될 정도로 굳센 의지와 개척정신이 강한 인사였다. 그는 1896년 한국으로 돌아와 독립협회를 세워 개화·개혁운동에 앞장섰다. 독립협회 시절 안경을 쓰고 광무 황제(고종)를 알현했다고 해서 건방지다는 세평을 들을 만큼 거만하고, 자존심이 센 사람이었다. 서재필은 평소 남을 욕하는 데 나서지도 않지만, 남을 칭찬하는 일에도 나서지 않는 냉철한 성격의 소유자였다. 그런 그가 도산을 이렇듯 높이 평가하고 통렬히 애도하는 모습에서, 도산의 진실을 다시 생각하

대한여자애국단원들(앞줄 왼쪽이 이혜련)

게 된다.

　서재필은 1925년 9월 대한여자애국단 기념행사의 연설에서도 도산과 이승만李承晚(1875~1965)을 평가한 일이 있다. 3·1운동 직후 미국에서 한인 여성들이 조직한 대한여자애국단은 미국 각지에 지부를 세울 정도로 활발한 여성단체였다. 도산의 부인 이혜련도 여기에 참가하고 있었다. 서재필은 이때도 도산을 링컨과 같은 사람이라 평했다. 그러면서 "학교는 못 다녔으나, 천연적 지혜와 능력이 있는 인도자"라며, 한인들이 힘을 모아 도산을 한국의 링컨으로 만들어야 한다고 역설했다. 이승만에 대해서는 "장점이 많은 사람으로 특히 교육에 재주가 있으니, 교육의 인도자"로 만들어야 한다고 주장했다. 그런데 안창호는 '선생'이라

칭하고, 이승만은 '이승만 씨'라 부르는 것이 흥미롭다. 이승만은 과거 배재학당 시절 제자라 그렇다 치더라도, 15세나 아래인 안창호를 '선생'이라 존칭하는 것은 도산에 대한 서재필의 인식이 어떠했는가를 잘 보여준다. 이 무렵 도산은 중국에서 돌아와 미주 각지를 순방하면서 독립운동의 재정적 기반을 마련하는데 애를 쓰고 있었다. 이승만은 임시정부에서 파문을 일으키다가 끝내 탄핵을 받아 대통령직에서 물러난 직후였다.

일반적으로 도산은 교육자, 이승만은 정치가가 더 어울리는 것으로 생각하기 쉽다. 그런데 서재필은 오히려 정치가로서 도산, 교육자로서 이승만이 맞다는 것이다. 그 이유도 독특하다. 도산은 다른 의견을 최대한 존중하며 합의된 결론을 이끌어 낸다는 것이다. 반면 이승만은 남의 의견을 듣기보다 자신의 주장이 강해 정치에 부적합한 대신 뛰어난 두뇌와 질서 정연한 논리를 지니고 있어 교육자가 어울리다는 것이다. 서재필의 예리한 지적은 촌철살인의 혜안이 아닐 수 없다.

도산의 40년 독립운동은 그야말로 민족혁명의 대하드라마였다. 도산에게 '민족독립'은 최고의 목표이자 평생의 꿈이었다. 그것은 마치 신앙과도 같은 것이었다. 독립을 위한 길이면 그 어떤 사상과 이념도 장애가 되지 않았다. 필요하다면 세계 곳곳을 누비는 노고도 마다하지 않았다. 독립전쟁에 의한 독립을 달성하기 위해 종횡무진으로 활약한 도산이야말로 독립운동을 커다란 틀에서 경영한 '혁명 영수'였다.

일그러진 도산의 초상

초기의 도산 연구들은 독립운동가 보다는 교육자·도덕가·인격자·독 실한 기독교인 등으로 묘사한 경우 가 많았다. 그의 독립운동 또한 점 진적 실력양성론으로 평가하는 경 우가 일반적이었다. 이는 『분투사 략』이나 당대 독립운동계의 평가 와는 너무 달랐다. 광복 후 도산의 역사상歷史像은 왜 그렇게 달라졌을 까? 도산은 독립운동계의 혁명 영 수인가, 아니면 온건한 실력양성론 자인가.

서재필과 도산(1925)

도산에 대한 초기 대표적 저술 은 이광수李光洙(1892~1950)의 『도산 안창호』(1947)와 주요한朱耀翰(1900~ 1979)의 『안도산전서』(1963) 등이다. 방대한 양의 이들 전기는 오랫동안 도산 연구의 주요 지침서였다. 저자 역시 도산 연구의 바이블과 같은 이 저술들을 통해 처음 도산을 배웠다. 그러나 독립운동사를 공부하며, 특 히 동암 차리석을 연구하면서 우리에게 전달된 '도산의 초상'이 실제와 는 사뭇 다르다는 것을 깨달았다. 이 저술들은 도산의 독립운동을 누락 한 것도 많았고, 왜곡한 부분도 곳곳에서 발견되었다. 도산은 꿈에도 독립, 밥을 먹을 때도 독립, 자나 깨나 독립만을 생각한 독립운동가 중의 독립운동가였다. 그의 평생 직업은 오직 독립운동가였다. 그런데 이 저술들에서는 그런 독립운동가의 모습이 담겨져 있지 않았다.

이광수의 『도산 안창호』는 독립운동사에서 큰 획을 긋는 1926년 민족대당운동을 주창한 삼일당 연설을 누락한 채 흥사단운동을 도산이 전개한 독립운동의 본류인 것처럼 장식했다. 도산이 흥사단운동을 중시한 것은 사실이지만, 도산의 말처럼 흥사단 자체는 독립운동단체가 아니었다. 독립운동을 위해 먼저 참사람이 되어야 한다는 그의 독특한 가치관에서 비롯한 것이 흥사단운동이었다. 이광수나 주요한이 도산의 주변에 있었던 것은 맞지만, 이들은 도산과 함께 독립운동을 전개한 사람들이 아니었다. 도산을 선생으로 모신다면서도, 이광수와 주요한은 일찍 독립운동계를 이탈해 도산을 배신한 사람들이었다. 그들은 도산의 독립운동을 알 수 없었고 그 진실을 이해하지도 못했다. 민족대당운동을 누락한 것은 친일로 변절한 자신들의 처지를 변명하기 위한 의도가 담겨져 있었다. 당시 도산은 삼일당 연설에서 이광수 등의 자치론을 철저히 배격한 바 있었다. 도산이 주창한 민족대당운동은 국내로 전달되어 1927년 신간회를 만드는 배경이 되었다. 이때 신간회는 이광수 등이 주장한 자치론에 반발하면서 비타협주의의 기치를 내걸었다. 그러니 자신의 자치론과 도산의 민족대당운동은 대척점에 위치하고 있었다.

도산의 핵심 사상은 '대공주의大公主義'라 할 수 있다. 그러나 도산은 대공주의를 세상에 드러내놓고 퍼트리지 않았다. 대공주의란 서로 다른 이념의 독립운동세력을 아우르기 위해 제창한 것이지만, 그것을 '주의'

라 내세우면 그 또한 이념적 분파로 이어질 것을 우려한 때문이었다. 그들이 이런 대공주의를 알 리가 없었다. 대공주의란 말은 어렴풋이 들었어도 그 진실을 모르니, 대공주의는 오랫동안 공상 속에서 그려질 수 밖에 없었다. 반면에 대공주의의 진실은 도산을 따랐던 독립운동가들에 의해 계승되어 나갔다.

또 하나는 이광수의 '민족개조론'과 연관되어 도산이 오해를 받는 부분이다. 이광수는 자신의 민족개조론이 마치 도산의 영향에 의한 것처럼 교묘히 퍼트렸다. 도산도 민족개조를 주장한 것은 사실이나, 이광수의 민족개조론과는 본질이 전연 다른 것이었다. 도산의 민족개조론은 독립민족으로 당당히 살아가기 위해 우리의 잘못된 부분을 고치자는 것이었다. 그러나 이광수의 민족개조론은 일본을 우등민족으로 인정하고, 열등한 우리 민족이 일본 민족처럼 개조해야 한다는 것이다. 이광수의 민족개조론이 열등감과 패배주의에 의한 것이라면, 도산의 민족개조는 세계에서 일등 가는 민족을 만들어야 한다는 신념과 의지에서 비롯한 것이었다. 도산과 이광수, 두 사람의 행로는 그런 차이만큼이나 너무도 크게 엇갈렸다. 도산이 독립운동의 혁명 영수로서 역사를 빛내고 있다면, 이광수는 친일변절자로 전락하면서 씻을 수 없는 굴욕의 역사를 남긴 것이다.

도산에 대한 오류와 왜곡은 그뿐이 아니었다. 독립운동사 연구에서 일제 첩보문서를 무비판적으로 받아들여 잘못된 방향으로 진행한 경우가 적지 않았다. 일제 첩보문서가 독립운동사 연구에서 긴요한 것이기는 하나, 부정확하고 악의적 왜곡이 도사리고 있었다. 가령 도산이 평안도 출신 인사들을 중심으로 임시정부를 장악하고 있다거나, 도산이 임시정부에서 주도권 쟁탈전에 몰두하는 인물로 묘사되는 것 등이다. 그런가 하면 일제 자료에 따라 연구를 진행하면서, 도산이 서구문명 지상주의, 비투쟁 무저항의 관점에서 실력양성을 주장했다는 설, 사회경제적 문제를 도외시하고 개인의 윤리와 인격 혁명에 치우쳐 현실성 없는 이상주의자였다는 주장 등이 오랫동안 도산의 진실을 왜곡시켜 왔다. 또 도산 본연의 모습을 찾기보다는 자신들의 입맛에 따라 기독교정신에 매몰된 기독교 지상주의자 내지 철저한 반공주의자로 그려지는 일이 허다했다.

이렇듯 도산의 독립운동은 후대의 잘못으로 심하게 얼룩져 왔다. 그것은 본말을 전도하고, 잔가지로 줄기와 뿌리를 가늠한 것이나 다름없는 일이었다.

곽림대郭林大(1884~1973)는 도산의 일대기인 『안도산』(1966)에서, "지금 국내에서는 도산을 간디Mahatma Gandhi(1869~1948) 같은 인물로 만들기로 생각하는 이가 있는 줄 아는데, 나의 부탁은 제발 도산을 간디 같은 인물로 만들지 말라는 것이다. 도산은 간디가 알지 못하고 내놓지 못한 흥사단주의를 우리에게 남겨 주었다. 도산은 삼군三軍을 이끌고 독립전쟁을 펼치는 것이 꿈이었고, 워싱턴George Washigton(1732~1799)과 링컨처럼 이성을 위해 일하려는 인물인 것을 잊어서는 안된다"면서, 해방 후 도산을 잘못된 방향으로 기리는 것에 대해 극력 반대했다. 곽림대는 황해도 해주 출신으로 1896년 안태훈의 여동생 안태희安泰囍와 결혼해 안중근의 고모부가 되었다. 그는 도산의 권유로 청년학우회에서 활동했으며, 숭실전문학교를 다녔고, 신민회에 참가했다가 옥고를 치른 뒤 미국으로 망명해 도산의 곁을 지킨 인사였다.

서북의 평민으로 태어나다

타고난 평민의식

도산이 평민 출신이라는 사실은 그의 삶과 독립운동의 행로를 결정짓는 중요한 요소로 작용했다. 다시 말하면 평민으로 살아야 했던 그의 삶과 독립운동을 주목할 필요가 있는 것이다. 그가 살았던 시대는 구시대와 신시대가 교차하고, 그 과정에서 망국의 변을 당하는 격변기였다. 평민 출신의 도산은 구시대 타파에 앞장서는 선각자이자, 새로운 나라를 일으키는 혁명가의 길을 걸어 나갔다.

흔히 독립운동의 주체가 평민이란 사실을 간과하는 경우가 있다. 설령 양반이라 해도 양반의식을 떨쳐 내야 가능한 것이 독립운동의 속성이었다. 독립운동은 구시대를 청산하고 새시대를 열어가는 민족혁명이기도 했다. 독립운동에는 나라의 주권을 되찾는 것에 그치지 않고, 누구나 자유롭고 평등한 세상을 만들기 위한 뜻도 담겨져 있었다. 도산이 민족의 자유와 함께 민중의 자유를 내세운 것은 바로 그 때문이었다.

도산은 1878년 11월 9일 평남 강서군 초리면 칠리 도롱섬(봉상도鳳翔島)에서 아버지 안흥국安興國과 어머니 제안 황씨 사이에서 3남으로 태어났다. 『순흥안씨세보』(권7)에 의하면 고려 공민왕 때 공조참의를 지낸 참의공 종검從儉의 17대손이다. 조상 가운데 조선 연산군 때 문과를 거쳐 정5품 지평持平을 지낸 일이 있을 뿐 370여 년간 벼슬길에 오른 사람이 없었다. 할아버지 태열泰熱이 통덕랑, 아버지 흥국(교진)이 참봉을 지낸 것으로 되어 있으나 실제 평민이나 다름없었다. 형으로 치호致鎬가 있었으며, 중형은 어려서 사망해 족보에도 오르지 못했다.

어려서의 생활은 자주 이사를 했던 점이 눈에 띈다. 7세 때인 1884년 도롱섬에서 평양 대동강 국수당으로 이사하고, 9세 때인 1886년에는 대동군 남관면 노남리로 다시 이사를 한 것이다. 농민이 거처를 자주 옮긴다는 사실은 농토가 여의치 못했음을 말해 주는 것이 아닌가 한다. 그만큼 생활이 풍족하지는 않았던 것 같다. 게다가 11세 때 아버지가 작고하자, 할아버지 밑에서 성장한 것으로 알려져 있다. 그렇지만 어린 도산은 구김살이 없는 천상 개구쟁이였으며, 하고 싶은 일은 어떻게 해서라도 하고야 마는 고집 센 아이였다.

도산이 서당에 출입한 것은 14세가 되던 1891년 무렵이었다. 인근의 유림 김현진金鉉鎭에게 공부를 배웠다고 하는데, 서당 훈장이 '호랑이 노릇'이나 한다며 빗대어 말한 것으로 보아 서당이 그리 내키지 않았던 모양이다. 그렇지만 필대은畢大殷(1875~1900)과의 만남은 소년 도산이 처음

대동강과 모란봉

으로 세상에 눈을 뜨는 기회로 다가왔다. 황해도 안악 출신의 필대은은
도산보다 서너 살 연상이었다. 그는 한국 역사는 물론 중국 고전까지 섭
렵할 정도로, '글도 잘 쓰고 계획도 잘 세우는' 인재였다. 소년 도산은 필
대은과 함께 평양에서 벌어지고 있는 청일전쟁을 놓고 밤늦게까지 토론
할 만큼 성숙해 갔다.

이 무렵 그에게 또 하나의 충격은 서양 선교사와의 만남이었다. 당시
서북 지역은 기독교가 놀랍게 전파되고 있었다. 도시는 물론 농촌에까
지 교회가 세워지고, 서양 선교사들이 활보하는 광경은 또 다른 새로운
세상을 엿보기에 충분했다.

민노아학당에 들어가다

도산이 서울로 올라온 것은 1894년 청
일전쟁이 일어나던 무렵이었다. 전쟁
의 격전지 평양을 피해 서울로 왔으나,
여비는 물론 당장 먹고 자는 문제를 해
결할 길이 없었다. 도산은 먹여주고 재
워준다는 말에 민노아학당(구세학당, 경
신학교 전신)에 들어갔다.

언더우드

　민노아학당은 북장로교 선교사 언더
우드Horace G. Underwood(1859~1916, 한국
명 원두우元杜尤)가 1886년 서울 정동에
있는 자신의 집 근처 한옥에서 교육을 겸한 고아원을 개원한 것에서 비
롯했다. 이후 새문안교회가 운영을 맡으면서 '원두우학당'으로 불리다가
'예수교학당(Jejus Doctrine School)' 또는 '민노아학당' 등으로 불리기도
했다. 민노아학당이란 이름은 당시 밀러Edward H. Miller가 교사를 맡고 있
어 붙은 이름이었다. 민노아학당은 1901년 게일James S. Gale 교장 때 '구
세학당'으로 바뀌고, 1905년 밀러가 교장에 취임하면서 '경신학교'로 개
칭했다. 도산이 들어갈 무렵 민노아학당의 학생은 30여 명 정도였다. 이
때 도산을 이끌어 준 사람은 언더우드였다. 그는 선교사로 1885년 한국
에 들어와 1886년 고아학교를 세우고 새문안교회를 설립한 바 있었다.
도산은 민노아학당에서 속성으로 1년 과정을 마친 뒤 조교를 맡았다.

도산이 다닌 민노아학당 학생들과 교사들

　이 무렵 필대은이 서울로 올라왔다. 도산이 서울로 올라간 뒤 필대은은 동학농민군에 잡혀 얼마 동안 참모 노릇을 했다고 한다. 그러다가 서울로 도망해 도산을 찾아온 것이었다. 필대은은 도산의 권유로 민노아학당에 입학하고 기독교로 개종했다. 시골 서당에서 만난 초동들이 이제는 기독교 학교인 민노아학당에서 서양 학문을 익히며 새로운 세상의 꿈을 키우기에 이른 것이다. 이후 두 사람은 1897년 독립협회에 가입하고 평양지회 설립에 앞장섰다.

　도산은 평양에서 활동할 무렵 백정 출신의 김종옥이란 사람과 가깝게 지냈다. 경제적 여유가 있던 김종옥은 도산과 필대은에게 후원을 아끼지 않았다. 그러나 안타깝게도 필대은은 폐병에 걸리고, 도산과 김종옥

독립협회 평남지회 시절 도산(가운데)

이 밤낮을 가리지 않고 그를 정성껏 간호했지만, 1900년 무렵 필대은은 젊은 나이에 세상을 뜨고 말았다. 젊은 시절 서로를 의지했던 두 사람의 인연은 이렇게 끝났지만, 도산의 가슴 깊은 곳에 필대은은 영원히 남겨져 있었다. 도산은 대전감옥에서 출옥한 뒤 1936년 평양에 들렀을 때, 평양 서쪽 교외의 보통강 건너에 있는 예수교 공동묘지에 잠들어 있는 필대은의 묘소를 잊지 않고 참배했다.

　김종옥은 도산의 소개였는지 모르겠지만, 이 무렵 차리석과도 인연을 맺고 있었다. 1905년 차리석의 동생 차정석과 차의석이 미국에 갈 때 경제적 도움을 주었으며, 김종옥도 후일 딸과 함께 미국으로 건너가 사업으로 큰 돈을 번 것으로 알려져 있다.

세상에 이름을 알린, 쾌재정 연설

도산은 1897년 서울에서 독립협회가 세워질 때 필대은과 함께 독립협회에 들어가 개화·개혁운동에 동참했다. 만민공동회에서는 청년 연사로 나설 만큼 성장해 있었다. 20세의 시골 청년이었지만 그는 타고난 웅변가였다. 말솜씨가 능숙하거나 수식이 화려해서가 아니었다. 진솔한 연설을 듣다 보면 누구나 도산의 진정성에 감복해 마지않았다. 도산은 처음에는 조용하고 어눌하게 이야기하는 버릇이 있었다. 그러나 본론에 들어가면 우렁찬 목청으로 웅변을 토해 좌중을 압도하고, 끝내 사람들의 감동을 이끌어 냈다.

1898년 여름에 설립한 독립협회 평양지회는 관서 지역을 총괄하는 역할을 겸하고 있었다. 평양지회는 전국 지회 중에서 규모가 가장 컸고 힘도 강력했다. 평양지회는 종래 청국 사신을 영접하던 대동관을 서울의 독립관처럼 사용할 수 있도록 강력히 요청했다. 독립협회 중앙회도 평양지회를 지원하고 나섰다.

이때 도산은 필대은과 함께 서울에서 만민공동회를 마치고 평양으로 내려갔다. 그리고 독립협회 평양지회가 주최한 연설회에서 명연설로 일약 명사名士로 이름을 날리니, 쾌재정 연설이 그것이다. 도산이 쾌재정에서 연설한 날은 음력 7월 25일로 광무 황제(고종)의 탄신일이었다. 그 자리에는 평양관찰사, 진위대장 등 관리들도 참석했다. 전해지는 연설 내용을 정리하면 대략 다음과 같다.

쾌재정, 쾌재정 하더니 오늘날의 쾌재정입니다. 오늘 이 자리에서 폐하의 탄일을 우리 백성들이 경축하게 되었으니, 이것은 참으로 드문 일이다. 여기에 더 쾌快한 날이 어디 있겠습니까. 다음에 관찰사 이하가 이 자리에 나와 우리와 함께 이 날을 축하하니 관민동락官民同樂이 아니고 무엇입니까. 또한 쾌한 일입니다. 그래서 이것이 오늘 쾌재정의 삼쾌三快올시다. … 세상을 잘 다스리겠다고 신사도新使徒가 온다는 것은 말뿐입니다. 백성들은 어떻게 하면 잘살게 해주느냐고 가뭄에 구름 바라보듯이 하늘만 쳐다보는데 모두가 삼일공사三日公事가 되고 마니 죽는 것은 애무한 백성들뿐이 아닙니까. 인모 망건을 쓴 대관, 소관이 와서는 여기서 쑥떡, 저기서 쑥떡 하고 각 청에 존문만 보내지 않습니까. 이 존문을 받은 사람은 반드시 돈을 싸 가지고 가야 하지 않습니까. 만일에 존문을 받고서 돈을 싸서 돌려보내지 않으면 큰일이 나지 않습니까. 예를 들면, 붙지 않은 제 어미한테도 붙었다고 해서 잡아가 주리를 틀고 때려서 돈을 빼앗으니 이런 학정이 어디 또 있습니까. 그런 돈으로 밤낮으로 선화당에 기생을 불러다가 풍악을 잡히고 연광루로 놀이를 다니며 백성들은 못살게 하니 이래서야 어찌 나라꼴이 잘 될 수 있습니까. … 진위대장은 백성의 생명, 재산을 보호하는 울타리인데 보호는커녕 백성의 물건을 빼앗는 약탈자 노릇을 한다면 우리나라 일이 어떻게 되겠습니까.

대중을 향해 관리들의 부패를 낱낱이 고발하는 도산의 연설은 그야말로 서릿발 같았다. 폭정에 시달린 농민들을 대변할 뿐 아니라 대관, 소관 그리고 진위대장까지 질타하기에 이르러서는 그들의 한 맺힌 가슴을

속 시원히 풀어주기에 충분하고도 남았다. 추호도 거리낌 없이 포효하는 도산의 의지와 용기는 구시대를 타파하는 혁명가의 모습, 그 자체였다. 연설회에 참가한 관찰사, 진위대장도 꼼짝없이 도산의 연설을 들어야 했다.

쾌재정 연설 이후 평양지회의 기세는 하늘을 찌를 듯했다. 평양지회는 1898년 10월 평양관찰사 조민희와 평양부사 이계필의 부정부패를 성토했고, 결국 조민희와 이계필은 사직하고 말았다.

이 무렵 도산은 평양의 널다리교회(장대현교회)를 다녔다. 널다리교회의 미 선교사 모펫Samuel A. Moffett(1864~1939, 한국명 마포삼열馬布三悅)이 도산에게 교회 일을 같이 하자고 요청한 일이 있었다. 모펫은 쾌재정 연설의 소문을 듣고 또 언더우드로부터 도산의 사람됨을 들은 터라, 도산을 끌어들이면 교회가 번창할 것으로 기대했던 것이다. 도산에게 생활비도 주겠다는 제의가 왔다. 그러나 도산은 "내가 하나님의 일을 하는 것은 내 자신의 일인데 누구한테 무슨 돈을 받는다는 것인가. 그런 말하지 마라"며 일언지하에 거절했다. 이 일로 평양에서는 "도산이 예수를 믿지 않는다며 배척하는 분위기가 일어나고, 도산과 상종 하면 재미없다"는 풍설까지 돌았다. 그렇지만 도산은 전혀 흔들림이 없었다. 도산은 기독교인이었지만, 교회 일에만 시간을 보낼 만큼 한가하지 않았다. 그에게는 기독교 신앙보다 더 절실한 과제가 있었으니, 무지몽매한 사람들을 깨우쳐 새로운 세상으로 나아가려는 의지가 충만해 있었다.

점진학교 설립

청년 시절 도산의 꿈은 교육자였다. 암담한 조선의 현실을 깨쳐 나가기 위해 무엇보다 교육이 필요하다는 신념에서였다. 알아야 깨우치고, 깨우쳐야 나라와 민족이 산다는 철학에서 비롯된 것이었다.

도산은 1899년 고향에서 점진학교漸進學校를 세웠다. 처음에 점진학교는 서당 훈장인 김상현의 사랑방에서 시작되었다. 점진학교는 초·중등과정의 사립학교였다. 이때 도산이 탄포리교회를 함께 세웠던 점으로 미루어, 기독교 계통의 학교로 운영되었을 것이다. '점진'이란 명칭은 한 발자국 한 발자국 나아가자는 뜻에서 붙였다.

점진학교는 강서군 동진면 암화리의 뱃고지(이화동梨花洞)에 있었으며, 남녀공학으로 4년제 초등과정과 2년제 중학과정을 두었다. 얼마 안 있어 멀리서 오가는 학생들을 위해 기숙사도 마련했다. 도산이 교장을 맡았으며, 교사로는 최광옥崔光玉(1877~1910)과 이석원을 초빙했다. 최광옥은 독립협회 시절 도산과 친분을 쌓은 이래 평생 동지의 길을 걸었다. 그는 후일 숭실학교를 1회로 졸업하고 『대한문전』을 펴냈다. 34세의 젊은 나이에 요절한 그를 두고, 월남 이상재李商在(1850~1927)는 '옥같이 귀중한 사람'이라 평할 만큼 인품과 덕망이 높은 인재였다.

점진학교는 단순히 공부만 가르치지 않았다. 학교 인근의 하천 일대에 제방을 쌓고 침수지를 메워 농토를 개간하는 등 실습도 병행했다. 그것은 힘써 일해야 한다는 무실역행務實力行의 정신에서 비롯한 것이었다. 이런 도산의 정신은 후일 대성학교와 청년학우회, 흥사단으로 발전해

점진학교 학생들과 교사들(1932)

갔다. 점진학교는 교풍도 꽤나 엄격했다. 학생들은 물론 교사들도 잘못하면 도산의 꾸중을 들어야 했다. 그래서 교사들도 도산을 무서워했다는 얘기가 전하고 있다. 도산 하면 으레 온화한 모습만 연상하지만 누구보다 원칙에 충실한 사람이었다. 도산은 원칙에 벗어나면 엄하게 다스렸다. 1902년 미국 유학을 떠나기까지 도산이 점진학교에 머물렀던 시기는 2, 3년 남짓이었다. 그렇지만 점진학교는 그의 정신을 계승해 간 것으로 보인다.

기독교로 개종한 도산은 전도에도 힘을 쏟았다. 1895년 고향에 들렀을 때, 이석관李錫寬이란 사람을 전도한 일이 있었다. 이석관은 유생을 자처하던 사람이었다. 그리고 이를 인연으로 1899년 이석관의 딸 이혜련과 약혼하기에 이른다. 일설에는 자신의 의지와 관계없이 할아버지가 이석관과 혼약을 정해 놓아 도산이 혼약을 반대한 것으로 알려져 있다. 어쨌든 시골처녀와 약혼한 도산은 자신의 약혼녀가 신교육을 배워야 한다는 것을 주장했다. 그래서 약혼녀 이혜련과 여동생 안신호를 서울로 데리고 올라와 정신여학교에 입학시켰다.

점진학교에서 실행한 남녀공학, 약혼녀와 여동생을 신교육으로 이끌었던 점으로 볼 때, 도산의 인간관과 사회인식은 이미 남녀평등사상을 실천하는 수준에 이르렀음을 살필 수 있다.

미국에서 공립협회를 세우다

9인의 한인친목회

도산이 미국 유학을 결심한 것은 민노아학당 시절이 아닌가 싶다. 민노아학당을 다니면서 언더우드나 밀러 같은 선교사들을 통해 새로운 사회를 동경하게 되었던 것이다. 그는 당시 한국을 바꾸기 위해서는 무엇보다 교육이 필요하다고 여겼다. 교육학을 전공하려 한 것은 그런 이유에서였다. 미국 유학에는 언더우드가 큰 힘이 되어 주었다.

도산은 약혼녀가 정신여학교를 다니던 중이라 졸업을 기다렸다가 1902년 9월 3일 밀러 목사의 주례로 제중원濟衆院에서 결혼식을 올렸다. 정신여학교 교장인 밀러는 민노아학당 시절 자신의 스승이기도 했다. 그리고 결혼 다음 날인 4일 미국 유학의 길을 떠났다.

당초 도산은 미국에 갈 때 부인을 두고 갈 생각이었다. 고학을 해야

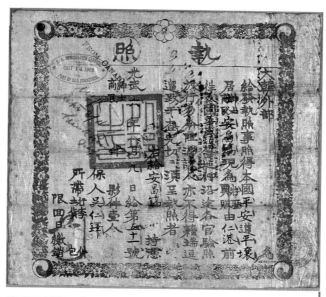

안창호의 여권(1902)

할 처지에서 부인을 데려가는 것이 부담스러운 때문이었다. 그러나 도
산의 장인 이석관이 그렇게 되면 생이별을 하는 것이라며 동부인할 것
을 간청했다. 그래도 도산이 말을 듣지 않자, 이석관은 도산의 후견인
언더우드를 찾아가 함께 데려갈 것을 부탁했다. 언더우드 역시 부인과
함께 가지 않으면 아예 미국을 못 가게 하겠다는 엄포를 놓기까지 했다.
그럼에도 도산이 뜻을 굽히지 않아 언쟁이 크게 일어나기도 했다. 결국
언더우드가 사정을 하면서 이혜련 여사가 동행할 수 있었다.

1902년 9월 도산은 아내 혜련과 서울을 떠났다. 일본과 캐나다 밴쿠
버를 거쳐 샌프란시스코에 도착한 것은 10월 14일이었다. 그는 처음 한

국에서 알고 지냈던 트류의 집에서 머물렀다. 트류는 한국에서 의사로 일하다가 돌아가 이민국 일을 보고 있었다. 도산은 트류의 집에서 가사와 청소 일을 돌보는 한편 영어를 공부했다. 영어 공부를 위해 시내 공립소학교에 입학했으나, 소학교에 다니기에는 25세가 너무 많다고 해 학교를 그만두었다. 그리고 로스앤젤레스로 가서 이강·정재관·김성무 등을 만나 한인교회를 세웠다.

도산은 우연히 길거리에서 한국인 인삼장수가들이 서로 머리를 붙들고 싸우는 모습을 보게 됐다. 그들이 싸우는 광경을 미국인들이 한심한 듯 바라보고 있었다. 상투머리에 바지저고리를 입은 한국인들이 멀고 먼 미국 땅에 와서, 그것도 길거리에서 싸우는 모습은 차마 눈뜨고 볼 수 없는 형상이었다. 이 무렵 샌프란시스코에는 한국인이라고는 인삼장수 5, 6명과 학생 5, 6명이 고작이었다. 그런데 두 패로 갈라져 원수처럼 반목하고 만나면 싸우는 것이었다. 도산은 이들을 찾아다니며 설득해 화해를 이끌어낼 수 있었다.

그래서 1903년 9월에 9명으로 이루어진 한인친목회를 만들었다. 공부까지 포기하며 한인친목회를 만든 것은 한인의 친목이 무엇보다 시급하다는 생각에서였다. 이름은 친목이라 했지만 한인 생활의 향상과 민족의식을 일깨우기 위한 민족운동의 첫걸음이었다.

다음에 도산은 이강李剛(1878~1964), 임준기 등과 함께 한인들을 위한 노동주선소를 세웠다. 노동주선소란 미국 농장에서 일거리가 생기면 노동자들을 모집해 농장에 인력을 제공하는 일종의 중개소였다. 당시 샌프란시스코에는 한인들을 위한 노동주선소가 없었다. 그래서 일본인

공립협회의 이강

1902년 당시 도산의 숙소

이나 중국인이 운영하는 노동주선소를 통해 일거리를 찾아야 했다. 노동자들은 주로 귤농장에서 귤 따는 일에 동원되었다. 일본인 주선소에는 70, 80명의 노동자가 있었다. 때문에 먼저 일본인이 차지한 다음 남는 일감을 받다 보니 한인들은 쉬는 날이 많아 밥값을 마련하기도 어려웠다. 노동주선소의 설립자금은 평소 도산의 성실성을 지켜보던 미국인 집주인이 1,500달러를 빌려줘 마련할 수 있었다. 처음에 4명으로 시작한 노동주선소는 곧 8명이 되고, 다시 18명으로 늘어났다. 부지런히 일한 결과 한 달 만에 1,500달러를 갚을 수 있었다.

도산은 또 미국인 주인의 도움으로 큰 집을 얻어 한인 노동자를 대상으로 야학을 열었다. 야학에서는 주로 영어 공부와 미국 사회생활에 필요한 예의 정도를 가르쳤다. 처음에는 야학에 참가한 사람들이 5, 6명에 불과했으나 미국인 교사들이 열심히 가르치는 것이 알려져 학생도 점차 늘어났다. 미국인들 사이에서 한인의 신용도 쌓여 갔다. 깨우친 한인들은 스스로 자치적 질서를 세워 나갔다. 자체적으로 정한 규율은, "9시에 불 끄고 잘 것, 한국 부인이 긴 담뱃대를 물고 거리로 다니는 것을 금지할 것, 셔츠 바람으로 밖에 다니지 말 것, 와이셔츠를 입고 나갈 것" 등의 생활 개선 규칙이었다. 이후 한인들의 모습은 몰라보게 달라져 미국인 사회에서도 화제가 될 정도였다.

농장에서 일하는 한인들의 자세도 달라졌다. 이전과 달리 성실과 근면을 앞세운 충실한 일꾼으로 변한 것이다. 이에 미국 교회의 한 부인이 한인들을 감사의 뜻에서 초청한 일이 있었다. 한 미국인 목사는 "이곳에 와서 일하는 한인들을 1년 동안 지켜보았다. 모두 좋은 사람들이라고 맙게 생각하고 있다. 내가 여러분의 생활태도와 성적을 알기 위해 우편국에 조사해 보니, 매월 본국으로 돈을 부치는 사람들이 많았다. 은행에 알아보니 일해서 얻은 돈을 모두 저금하고 수표를 쓰는 사람이 많다고 한다. 차이나타운(부랑배들이 몰리는 난장판)에 알아보니 한인들은 그런 곳에 출입하지 않는다는 것을 알았다. 모든 일이 미국 사람도 본받을 정도로 훌륭하다. 단 한 가지 유감은 담배를 피우는 것인데, 이것만 하지 않으면 더욱 훌륭해질 것이다. 또 영어 야학교사에게 물어보니 영어도 잘한다 하고, 주일학교 선생들에게 들어보니 성경은 우리보다 더 잘 안다고 한다"며 격려를 아끼지 않았다. 또한 농장 주인은 "우리 회사는 금년에 한국 형제들 덕택에 많은 이익을 남겼다. 감사하다. 그것은 지도자

리버사이드 오렌지농장 노동자들과 도산

도산이 자기 일 이상으로 귤을 정성껏 딸 것을 강조하고, 한국 형제들이
그 말대로 잘 따라 주었기 때문이다. 귤을 따는 가위질을 함부로 하거나
잘못하면 귤이 상하기 쉽다. 또 꼭지를 길게 따서 팽개치면 그것이 다른
귤에 들어박혀 상하고 결국 썩어 버리게 되어 큰 손해를 보게 된다. 그
런데 한국 형제들이 일을 잘해 주었기 때문에 큰 이익을 보았다"면서 성
경과 찬송가 두 권씩을 40명의 한인에게 나눠 주었다. 이에 도산은 "당
신들이 도와준 덕택으로 우리는 잘 지내왔습니다. 일을 정성껏 하다 보
니 작업이 늦어져 능률상 부족한 점은 미안합니다. 우리들도 기술을 높
이는 데 힘쓰겠으니 더욱 깊은 이해로 사랑해 주십시오"라며 화답했다.
이 일로 한인들은 민족독립의 일도 이렇게 정성을 쏟는다면 못 이룰 게 없다는 용기와 자신까지 갖기에 이르렀다. 그 뒤로 한인들은 더 좋은 성적을 냈고, 경제적인 안정도 가질 수 있었다.

한인의 자치기관, 공립협회

한인친목회는 로스엔젤레스 부근 리버사이드로 확산되었다. 이 무렵 미 본토에는 1,000여 명의 한인이 살고 있었다. 그들은 주로 하와이에서 미 본토로 건너온 사람들이었다. 친목회는 그들을 미국 서해안 각 주에 있는 오렌지농장·철도·광산 등지에 취업을 알선하는 등 노동주선소의 역할을 겸했다. 그때마다 도산은 한인의 의식을 개혁하고자 곳곳에 야학을 설치해 영어·성경·역사·지리 등을 가르쳤다. 한인친목회는 5개조의 실천규칙을 정하고 자율화하는 동시에 자체 경찰제를 시행해 갔다.

러일전쟁은 미주 지역 한인사회에 곧바로 영향을 미쳤다. 일제는 러일전쟁 발발 직후인 1904년 2월 한일의정서를 강제하고, 4월에는 '한국보호권 확립의 건'을 통해 재외한국인을 일본의 보호·감독하에 둘 것을 일방적으로 결정했다. 그리고 한국 정부를 압박해 미주 한인들을 일본영사가 관할하도록 강요했다. 외교권을 박탈당하기 전이었으나, 대한제국 정부는 일제의 압력에 굴복해 호놀룰루 주재 일본총영사를 대한제국 명예총사로 위임시키고 말았다. 미주 한인들은 이러한 조치를 당하면서 망국의 위기를 피부로 느끼지 않을 수 없었다. 당시 국내에서는 러일전쟁을 두고, 러시아 침략으로부터 일본이 나라를 지켜주는 것이라고 여기는 사람들이 많았다. 그러니 러일전쟁에 대한 위기의식을 느낄 리

클래어몬트 학생양성소의 학생들과 교사들

가 없었다. 때문에 일제 침략이 가속화되는 것도 알아차리지 못할 정도였다. 그렇게 한국은 일제 침략에 잠식당해 갔다. 반면에 미주 한인들은 망국적 상황에 직면해 일본영사의 간섭과 지배를 거부하는 운동을 벌여나갔다.

이와 함께 도산이 일제에 대항할 강력한 정치단체로 결성한 것이 공립협회共立協會였다. 1905년 4월 5일 샌프란시스코에서 창립한 공립협회는 1903년에 세운 한인친목회의 기반이 바탕을 이루었다. 2년 전에 9명으로 시작한 친목 모임이 채 2년도 안 되어 500명의 회원을 가진 정치단

공립협회 창립 임원

체로 발전한 것이다. 공립협회의 행동 지침은 동족상애同族相愛, 환난상부患難相扶, 항일운동抗日運動으로 민족운동을 표방하고 나섰다. 그래서 공립협회를 두고 주변에서는 '도산의 한인공화국'이란 말이 나올 정도였다.

'서로 함께 일어나자'는 이름답게, 공립협회는 생활적으로나 경제적으로나 부끄럽지 않은 한인사회를 만드는 데 힘을 기울였다. 이들의 근본은 한인들을 보호하는 것이었다. 공립협회는 하와이에서 넘어오는 한인들에게 안정적인 일자리를 마련해 주고 숙박을 제공해 주었다. 도산은 한인들에게 늘 "미국의 과수원에서 귤 한 개를 정성껏 잘 따는 것이 곧 우리의 나랏일이 된다"는 사실을 강조하고 또 강조했다. 근면과 성실만이 한인의 신용을 얻는 길이고, 이것이 곧 애국하는 길이라는 것이었다.

이러한 노력은 후일 미주 한인사회가 100만 달러 이상을 독립운동자금으로 모을 수 있는 토대가 되었다. 그것이 바로 도산의 힘이었다. 흔히 독립운동의 재정을 간과하는 경우가 있는데, 독립운동에는 사람도 필요하지만 재정을 마련하는 것 또한 중요한 일이었다. 한국 독립운동의 역사에서 독립운동의 재정에 힘을 가장 많이 쏟은 이가 도산이었다. 그리고 미국 농장에서 일하는 한인들은 그 밑알이 되었던 것이다.

을사늑약이 강제되는 상황에서 헐버트Homer Hulbert(1863~1949)가 미국 대통령의 거중조정을 요청하는 광무 황제의 친서를 갖고 미국에 온 일이 있었다. 1905년 11월 12일 샌프란시스코에 도착한 헐버트는 공립협회를 방문해 국내의 위급한 상황을 알렸다. 공립협회는 즉각 대응에 나서 11월 14일 총본부인 공립관을 마련하고, 11월 22일 순국문 기관지 『공립신보』를 창간하는 등 민족운동의 조직체계를 정비해 갔다.

1905년 러일전쟁이 끝나고 포츠머스회담이 열릴 때였다. 하와이 한인사회에서는 자금을 모집해 대표를 파견한다는 소식이 들려왔다. 공립협회의 사람들도 이런 소식을 접하고 도산에게 강화회담을 다녀오라고 권한 일이 있었다. 이때 도산은, "안 간다. 가 봐야 우리가 참석할 권리가 없지 않느냐. 십이면 구는 참가하지 못할 것을 뻔히 알면서 무슨 염치로 동포들이 땀을 판 돈을 쓰고 갈 수 있느냐. 그야말로 허영에 뜬 사람이라면 이런 기회에 국제무대 구경도 할 겸 좋은 양복이나 얻어 입겠지만 그것은 안 될 말이다. 그렇게 헛돈만 쓰면 다음에 정말 돈이 필요한 때 돈을 내려고 하지 않을 것이다. 그러니까 나는 못 간다"며 단호히

공립협회 회장 시절 도산

거절했다. 그럴수록 공립협회 회원들의 도산에 대한 믿음은 더욱 굳건해져 갔다.

1905년 11월 공립협회 총회장 도산은 조직 확대를 위해 각지를 방문했다. 그리하여 12월 레드랜드지방회, 1906년 3월 로스앤젤레스지방회 등을 새롭게 설립할 수 있었다. 1907년 2월에는 락스프링스지방회 설립을 시작으로 솔트레이크시티·새크라멘토·핸포드·프레스노 등 캘리포니아주를 중심으로 한 서해안 일대에도 공립협회 지방회가 뻗어 나갔다.

을사늑약 직후 1906년 2월 대한제국 정부는 "해외 한인은 어느 곳에 있든지 일본 영사의 보호를 받으라"는 공문을 보내왔다. 이때 미주 한인들은 국가가 사실상 소멸한 것으로 받아들였다. 공립협회는 한인의 권익을 보호하는 기관으로 발전해 갔다. 나라의 위기상황에서 공립협회가 국가기관이 해야 할 역할을 담당한 것이다. 공립협회는 하와이 에와친목회와 함께 재미한인공동대회를 개최하고 한국 정부에 발송한 배일결의문에서, "보호조약을 체결할 때 그 황실 그 정부는 이미 한국이 아니오. 의연히 한국으로 남아 있는 것은 오직 2,000만 민족이다"라고 주장했다. 즉 이들은 황실과 대한제국 정부를 부정하고, 2,000만 민족이 주권의 주체임을 표방한 것이었다. 자유주의와 공화주의 체제에서 살아온 미주 한인에게는 근대적 민권의식이 일찍부터 형성될 수 있었다. 때문에 그들은 새로운 시대의 꿈을 키우며 민족운동을 전개해 갔다.

공립협회는 1906년 5월 총회 평의회를 개최하고 평의회를 대의회로 개정했다. 부서도 새롭게 구성해, 학무부·사법부·구제부를 두었다. 2대 총회장에는 도산에 이어 송석준宋錫俊(1865~1907)이 맡고, 도산은 학무를 맡았다. 서기는 정재관鄭在寬(1880~1930)이 담당했다. 공립협회는 하와이까지 조직을 확대해 미국 정부의 지원 아래 한인자치기관으로 거듭날 것을 결의했다.

이 무렵 샌프란시스코에 대지진이 발생해 한인들이 크게 피해를 입은 일이 있었다. 당시 한국 정부는 재미 한인들을 위한 구휼금을 보냈는데, 그 분급처가 샌프란시스코의 일본영사관이었다. 도산은 일본영사관을 통해 구휼금을 받는 것은 일제의 해외 한인 통치를 인정하는 것이므로, 구휼금을 수령할 수 없다는 것을 밝혔다. 교회를 통해 보냈으면 문제가 없으나, 일본영사관의 돈은 받을 수 없다는 것이었다. 대의원들 역시 도산의 뜻에 따랐다. 공립협회는 한국 정부에 "진재 구제금을 보내 준 것은 고마우나 우리는 별로 손해도 보지 않았으므로 봉환하니 도로 받아 주십시오"라는 공문을 발송했다. 이와 함께 일본영사에게 직접 대표를 파견해 한인사회의 활동에 간섭하지 않겠다는 약속을 받아 내기도 했다. 이로써 공립협회는 사실상 미국의 인정을 받은 한인자치기관이자, 한인을 대표하는 외교기관으로 입지를 굳혀 나갔다.

공립협회는 도산이 국내에 들어온 뒤 계속 세력을 확장해 1908년

2월에는 9개 지회, 800여 명으로 확대되었다. 공립협회 지회와 『공립신보』 지사 설치는 미주 지역에만 한정하지 않고 국내외 한인사회로 확대되어 갔다. 1908년 2월 20일 총회에서는 연해주 블라디보스토크에 지회를 설립할 것을 결의했다. 『공립신보』는 1907년 4월 이후 하와이·블라디보스토크(해삼위)·멕시코·국내 등지에 지사를 설치하고 국내외 한인사회를 아우르는 언론으로 성장해 갔다. 1908년 11월에는 국내만 해도 39개 지사가 설립되었고, 이들 지사는 공립협회 국내 조직의 성격을 띠는 것이기도 했다.

신민회와 해외 독립군 기지 개척

5년 만의 귀국, 신민회 창립

도산은 한인들의 불모지인 미국에서, 9인의 한인친목회로 시작한 지 2년 만에 미국 정부가 인정하는 한인 자치기관인 공립협회를 일궈내는 놀라운 업적을 이룩했다. 그러는 사이 국내 사정은 망국으로 치닫고 있었다. 을사늑약과 함께 일제의 한국통감부가 설치되면서 대한제국은 사실상 식민지로 전락했다. 도산은 이런 상황에서 대한제국 정부를 주권의 실체로 인정하지 않았다. 오로지 2,000만 민족의 궐기로 새나라를 세워야 한다는 신념이었다. 망해 가는 황제의 나라를 국민의 나라로 새롭게 만들어야 한다는 도산의 의지는 가히 혁명적 인식이었다. 그러나 미국에서 그 포부를 펼칠 수 없었기에, 도산은 귀국을 단행하기에 이르렀다. 유학의 꿈을 간직하고 고국을 떠난 지 5년 만의 일이었다. 30세의 청년 도산이 민족혁명을 위해 고국으로 돌아온 것이다. 결코 요란하지 않았지만 그 깊은 뜻은 한국 독립운동에 커다란 바람을 일으켰다.

1907년 1월 20일 미국 샌프란시스코를 출발한 도산은 2월 중순 일본 도쿄에 도착해 1주일간 머물렀다. 그는 일본에서 한국 유학생단체인 태극학회 주최의 시국강연회에 나가 연설하는 한편 유학생들과 폭넓게 의견을 나누었다. 이때 태극학회 회장 장응진張應震(1880~1950)과 총무 김지간金志侃 등을 동지로 포섭했다. 도산의 연설을 듣고 감격한 최남선 역시 신민회와 청년학우회의 주요 회원으로 참여하게 된다.

도산이 서울에 도착한 것은 샌프란시스코를 떠난 지 한 달만인 2월 20일이었다. 귀국 즉시 2월 22일 대한매일신보사 총무 양기탁梁起鐸 (1871~1938)을 방문해 미주 공립협회의 이름으로 국채보상금 35원을 희사하고, 양기탁과 신민회 창립을 논의해 갔다. 신민회의 구상과 창립은 이미 미주 한인사회에서 시작한 것이었다. 공립협회 인사들은 망국의 위기를 극복하기 위해 이제까지의 계몽운동과는 다른 차원에서 구국의 방법을 모색하기에 이르렀다. 그리하여 1907년 초 도산을 비롯한 이강·임준기 등이 캘리포니아에서 대한신민회의 창립을 발의했다. 그리고 도산은 '대한신민회 취지서' 및 '대한신민회 통용장정'을 가지고 국내로 들어왔다.

그러나 국내에서는 미국에서와 같이 신민회를 공개단체로 할 것인지, 아니면 비밀단체로 창립할 것인지를 두고 고민해야 했다. 신민회新民會란 명칭에서 드러나듯이, 신민은 '대한제국의 국민'이 아닌 새로운 세상인 '공화적 국민'을 의미했다. 때문에 공개단체로 만들 경우 일제와 대한제국의 탄압을 받을 것은 쉽게 예상되는 일이었다. 그러는 가운데 도산은 3월 상순 고향과 서북 일대를 순행하면서 강연회도 열고 민심을 살폈다. 3월 11일에는 서우학회와 평양 군민이 설립한 사범강습소의 개교식에 참석해 최광옥 등과 함께 경축 강연에 나서기도 했다. 그렇게 평양에 한 달 정도 머물면서 도산은 동지들과 함께 신민회 사업을 논의해 갔다. 평안도관찰사 이시영李始榮(1869~1953)과도 만나 민족의 장래를 논하며 국권회복운동의 필요성을 역설했다. 4월 차리석·안태국과 함께 서

신민회 창립의 주역, 양기탁

울로 올라와, 양기탁·전덕기·이동녕·최광·이갑·유동열 등과 비밀리에 모임을 가지며 신민회 창립을 추진해 갔다.

　신민회는 다양한 계열의 인사들이 참가했다. 이들은 대체로 다섯 그룹으로, 양기탁·신채호 등 『대한매일신보』 계열, 전덕기·이동녕·이회영·이준·김병헌·김구 등 상동교회 계열, 유동열·이갑·이동휘 등 무관武官 출신, 이승훈·안태국 등 서북의 상인과 실업가 계열, 안창호·이강 등 공립협회 인사들이었다. 이들은 1907년 4월 초 신민회 창건에 합의하고 발기인 대회를 가졌다. 신민회는 비밀단체였으므로 발기인대회 역시 비밀리에 추진되었다. 이들은 회칙會則 및 조직 편성과 책임자를 선임

김필순

했다. 임원진은 총감독 양기탁, 총서기 이동녕, 재무 전덕기, 집행원 안창호 등을 선임했다. 도산이 맡은 집행원의 임무는 신입회원의 자격 심사를 담당하는 것이었다.

김형제상회와 사람들

신민회 초기에 도산은 서울역 부근의 세브란스병원 앞 김형제상회 2층을 사무실로 사용했다. 김형제상회는 김필순金弼淳(1878~1919)과 그의 백씨 김윤오 두 형제가 경영하는 상회였다. 김필순은 도산과 의형제를 맺은 사이로, 1908년 세브란스의전을 1회로 졸업한 한국 최초의 면허의사였다. 김필순이 신민회 창립에 여념이 없던 도산을 돕기 위해 김형제상회 2층을 사무실로 제공한 것이었다. 두 사람은 동갑이었지만 생일이 빠른 김필순이 형, 도산이 아우가 되었다. 황해도 장연 출신의 김필순은 우사 김규식金奎植(1881~1950)의 처남이자, 여성 독립운동가 김마리아(1891~1944)의 삼촌이었다. 1930년대 중국 영화의 황제라 불리던 김염(1910~1983)은 아들이었다. 김필순 역시 도산의 신민회 활동에 적극 참가해 1911년 중국으로 망명한 이래 만주 치치하얼에서 병원을 열며 독립운동을 전개하다가 1919년 밀정에 의해 독살되고 말았다.

김형제상회에서 도산을 측근에서 도왔던 인사는 동오東梧 안태국安泰國 (?~1920)과 차리석이었다. 안태국은 평양 출신으로 1905년 평양에서 협동사協同社를 설립하고 이승훈李昇薰(1864~1930)과 함께 상민공동회商民共同會를 조직해 실업 분야에서 계몽운동을 전개했으며, 청년학우회의 초대 총무를 맡기도 했다. 도산이 사무실을 비울 때는 안태국, 차리석 두 사람이 접빈사무를 보며, 도산을 대신해 신민회 인사들과의 연락을 담당했다. 역 근처에 위치한 사무실에는 전국 각처에서 올라온 사람들로 언제나 만원이었다. 김형제상회의 2층 사무실은 실질적으로 신민회 추진본부나 마찬가지였다.

이 무렵 도산은 그야말로 눈코뜰 새가 없었다. 망해 가는 나라를 바로 세우기 위해 해야 할 일이 너무 많았기 때문이다. 틈나는 대로 연설회도 가졌는데, 삼선평 연설은 쾌재정 연설만큼이나 사람들에게 커다란 감동을 불러일으켰다. 도산은, "세상 사람들이 나보고 대감이라고도 하고 영감이라고도 하는데 그 소리를 들으면 아주 싫습니다. 우리나라는 매국자가 많은데 대감이라는 것이 1등 매국이요, 영감이라는 것이 2등 매국이기 때문입니다. 그런 소리를 들으면 여간 거북하지 않습니다"라는 것이었다. 대감이나 영감이면 사회 권력층을 말하는데, 그들 권력층에 의해 나라가 이 꼴이 되고 말았다는 것이다. 자기 소임을 다하지 못했을 뿐 아니라 일제의 조력자로 나라를 망하게 했으니 1등 매국, 2등 매국이라 한 것이다.

그런가 하면 남도의 어떤 사람이 나랏일을 해보고 싶은데 어떻게 해야 하는가를 물은 적이 있었다. 그때 도산은, "나랏일이라고 무슨 크게

안중근

용빼는 것이 아니요. 당신은 중국 사람 양계초梁啓超(1873~1929)가 지은『음빙실집』이란 책이 있으니 그것을 우선 몇 권 사서 삼남에 있는 유명한 학자에게 주어 읽게 하시오. 무슨 큰일만이 나랏일이 아니요. 그런 일이 나랏일이요. 그런 책을 읽고 많이 깨어서 나오면 얼마나 나라가 잘 되겠오"라고 조용히 타일렀다. 나라가 망해가는 와중에도 벼슬자리에 연연하는 소위 양반이라는 사람들에게 건넨 말이었다. 양계초의『음빙실집』을 읽으라는 것은 서구 문명을 알아야 한다는 뜻이었다. 도산의 연설에는 바뀌어야 할 세상에 대해 정곡을 찌르는 말들이 많았다. 그러니 누가 들어도 도산의 연설은 가슴속을 시원하게 풀어주는 청량제나 같은 것이었다. 서북의 거상 이승훈 역시 도산의 강연에 감화되어 기독교에 귀의하고 교육 및 식산을 통한 구국운동에 헌신하게 됐다. 안중근安重根(1879~1910)과 여운형呂運亨(1886~1947)도 도산의 연설을 듣고 민족운동에 뛰어들었다. 진남포에서 삼흥학교를 설립해 교육운동을 펼치던 안중근은 1907년 5, 6월경 도산이 삼화항을 방문했을 때 연설을 들었다고 한다. 이때 안중근은 독립전쟁론에 대한 연설을 듣고 큰 감동을 받았다. 이후 안중근과 도산은 가깝게 지내며, 안중근이 가끔 도산을 찾아와 시국을 논했던 것으로 알려지고 있다.

이 무렵 도산은 기독교의 비정치화·정교분리정책에 적극 반대하면서 제도권 교회와 일정하게 거리를 두었다. 그는 국가와 민족의 정치현실이 어려워지는데 민족의 양심과 달리 기독교 선교에만 집중하던 선교정책을 비판하고 나선 것이다. 결국 도산은 선교사들과 마찰을 빚기에 이르렀고, 이후 기독교를 신봉했으나 제도권 교회에는 참가하지 않았다.

한복을 입은 이혜련 여사

이혜련 여사는 이때의 일을 두고 "그 당시 도산 선생은 한국에 있는 선교사들에게 호감을 사지 못했다. 왜냐하면, 선교사들은 지상의 일을 무시하고 천당 가는 것만을 가르치고 있는 데 반해, 도산 선생은 이 민족을 위해서 지상에서 해야 할 일이 너무 많다고 주장했기 때문에 선교사들이 믿는 방법을 찬성하지 않았다"라고 회고한 바 있다. 도산은 선교사들의 공로를 인정하면서도 한국 사회에 우민정책을 사용하는 것에 강력히 비판했다. 또 부흥회적인 열정의 영성을 내세우며, 관념적이고 미신적인 '신령한' 신앙체험을 강조하는 한국 기독교의 태도에 크게 반발했다.

대성학교 설립자금을 기부한 이종호

평양의 대성학교

도산은 신민회뿐 아니라 다방면에서 국권회복운동을 펼쳐 나갔다. 평소 교육에 관심이 지대했던 그가 1908년 9월 평양에 중등 사립학교를 세우니, 대성학교가 그것이었다. 그러나 학교를 세우려면 적지 않은 자금이 필요했는데 자금 조달이 여의치 않았다. 이때 도산은 내무원경을 지낸 이용익의 손자 이종호李鍾浩(1885~1932)를 설득해 재정적 지원을 받아낼 수 있었다. 이종호는 을사늑약 후 조부가 러시아로 망명한 뒤 거액의 유산을 물려받고, 조부의 유업을 계승해 보성학교와 보성사라는 인쇄소를 운영하고 있었다. 도산의 요청이 있자 그는 즉각 10만원이란 거금을 내놓았다. 도산은 대성학교를 제대로 된 근대적 학교로 만들기 위해 동분서주했다. 이런 소식은 일반에게도 널리 알려져, 서울의 『황성신문』에서도 대성학교 사업이 성공하기를 기대하며 후원을 아끼지 않았다.

통감부는 1908년 9월 1일 '사립학교령'을 공포하며, 한국의 수많은 사립학교들에 대해 전면적 탄압을 가하기 시작했다. 학교의 요건을 갖추지 않으면 폐교 조치를 취한다는 것이었다. 이로써 3,000여 개에 달하는 사립학교들이 폐교 위기에 처해 있었다. 그러나 도산은 아랑곳하지 않고 당당하게 대성학교 설립의 기치를 내걸었다. 당시 신문광고에 학생모집을 광고했는데, 그 내용은 예비과와 초등과의 학생을 모집한다는 것, 지원서는 9월 24일까지 제출하라는 것, 시험일자는 24, 25일, 개학은 26일에 한다는 것이었다. 여기에서 초등과는 중학과정을 말하는 것이고, 예비과란 초등과에 들어가기 전에 거치는 과정이었다. 시험과목은 독서(국한문)·작문(국한문)·산술(사칙)이었다.

그리고 약속대로 1908년 9월 26일 대성학교 개교식이 거행되었다. 시험에 통과한 입학생이 90여 명이었으며, 개교식에는 내외빈 1,000여 명이 참석해 대성황을 이루었다. 교장에는 윤치호가 추대되고 안창호는 대변교장을 맡았다. 대변代辨교장이란 정식 교장이 부재중 직무를 대신 맡아보는 교장을 말했다. 그런데 윤치호는 개성의 한영서원韓英書院을 운영하고 있어 평양에 자주 올 형편이 못 되었다. 때문에 안창호가 실제로 교장직을 맡았던 것이나 다름없었다. 교사진 역시 각 분야의 명사들을 대거 영입했다. 주요 교사진으로는 장응진·김진초·김두화·유진영·정인목·임영석·나일봉·옥성빈·문일평·최예항·유기열·김현식·이상래·황의돈·이승설·차리석 등이었다. 학교 설립부터 참여한 차리석은 지리·일본어 독본을 담당했고, 기독교 장로로서 매주 학생들에게 성경공부도 가르치며 도산을 도와 학교 운영의 실무를 담당했다. 김두화도 개교 초부터 교사로 참여하면서 학교 관리와 교수 방침의 실무를 담당했다. 1908년 7월 도쿄제국대학을 졸업한 김진초는 대성학교 개교와 함께 교사로 부임했으며, 문일평文一平(1888~1939)은 1908년 일본 메이지학원을 졸업하고 대성학교 교사로 부임했다. 또 군인장교 출신 정인목·이승설 등은 체육을, 대한제국 육군 정령으로 무관학교 교장 출신의 노백린盧伯麟(1875~1926)은 군사 훈련을 담당했다. 이들 교사진 대부분은 신민회 회원이었다.

사회의 관심이 집중되면서 운동대회뿐 아니라 방학식까지 신문에 기사화 될 정도였다. 1909년 6월 23일 개교 이래 처음 열리는 하기방학식에는 평안도관찰사 이진호가 참석해 연설했고, 전덕기·이동휘 등 저명인사들도 참석해 연설했다. 이를 구경하러 온 사람들이 3,000명에 달할 정도였다. 이와 같이 대성학교는 개교하자마자 전국적인 명문으로 자리 잡았다.

대성학교에 대한 관서 지방 사람들의 후원은 대단했다. 개교한 지 1개월 남짓 무렵 평북 철산 사람 오희원이 5,000원, 선천 사람 오치은이 2,000원, 평양 사람 김진후가 3,000원을 기부하는 등 각처에서 답지가 잇달았다. 오희원은 철산에 창동학교彰東學校를 설립한 바 있으며, 정주의 오산학교, 서울의 협성학교, 일본 유학생 단체인 태극학회 등에도 기부금을 낸 독지가였다.

대성학교는 국권회복운동에 필요한 인재, 국민교육을 담당할 교사들을 양성하는 것을 목표로 삼았다. 때문에 학생들에게 무엇보다 애국주의와 건전한 인격 양성을 강조했다. 애국주의 고취를 위해 모든 교과목과 강의 안에 '애국'이라는 접두어를 사용했고, 매일 아침 조회에서도 '애국가'를 고창할 정도로 애국심 고취에 힘을 쏟았다. 대성학교의 체육교육은 군사훈련이나 마찬가지였다. 대한제국 군대의 사관士官 출신을 체육교사로 초빙해, 군대와 같이 강력한 체육과 군사훈련을 실시하고

대성학교 학생들과 교사들(1909)

전술 강의까지 실시했다. 이처럼 체육시간에 군사훈련을 시킨 것은 신
민회가 구상하는 해외 독립군 창건과 맞물린 것이었다. 즉 독립군 양성
을 위한 기초를 다지는 것이었다.

대성학교는 학생자치를 권장하고 자치훈련을 시켰다. 학생자치회로
는 교내 동문회를 조직하고, 강론부·음악부·운동부·검찰부·사교부·성
경연구회 등을 두었다. 운동부의 경우 서울·평양의 축구대회를 처음 개
최했고, 최초로 야구경기를 열기도 했다. 학교 안에 군악대도 설치되어
있었다. 장학제도를 마련해 가난한 학생에게 공부할 기회를 주었고, 학

생을 위한 운동장·양호실 등 부속시설도 갖추었다. 성경연구회에서는 매주 수요일 오후 방과 후 서울에서 전덕기金德基(1875~1914) 목사, 외국인 선교사 등을 초청해 기독교정신을 고취시키는 동시에 일요일마다 교회당 가는 것을 장려했다. 이런 대성학교는 신민회가 세운 대표적 모범학교였지만, 불행하게도 1911년 이른바 '105인 사건'으로 일제에 의해 폐교되고 말았다.

대성학교 시절 도산은 학생들에게 "거짓말을 하지 마라, 바른 말을 하라"를 입에 달고 살 정도였다. 한번은 어떤 학생이 결석계에 자기 도장을 찍지 않고 남의 도장을 희미하게 찍은 것을 확인한 도산이, "이것은 비록 작은 일 같지만, 그 정신으로 보아 용서할 수 없는 일이다. 이런 마음씨는 만일 그대로 자란다면 나중에 어떤 협잡을 하고 어떤 죄를 저지를지 모르는 것이다. 박절하지만 처벌을 할 수밖에 없다"면서 한 달 정학처분을 내렸다. 그처럼 대성학교의 규칙은 엄격했다. 학생들은 일거수일투족에 학생다운 언행을 지켜야 했다.

도산은 신입생을 선발할 때 일일이 면접을 보고 학생의 모든 사정을 고려한 뒤 입학을 허락했다. 도산은 검정을 통과한 300~400명의 용모와 성명까지 또렷이 기억할 정도였다. 사소한 일조차도 도산의 가르침은 엄격했다. 화장실에서 대소변을 똑똑히 볼 것, 걸을 때 입 벌리지 말 것 등 일거수일투족에 이르기까지 도산의 훈육이 이뤄졌던 것이다. 아침 일찍 화장실을 돌아보고 불결하면 직접 화장실을 청소하는 등 실천적 모범을 학생들에게 가르쳤다.

그렇지만 거짓말, 규칙 위반 등 잘못이 있을 때는 엄격하게 다뤄, 학생들에게 '정직과 성의'가 만사의 근본인 것을 깨닫게 했다. '죽더라도 거짓이 없으라'는 곧 대성의 교훈이 됐다. 이와 함께 "나라와 민족의 장래를 위해 목숨까지 희생한다"는 애국정신을 강조했다. 이런 대성의 정신은 학생들에게 계승되었으며, 대성학교는 도산의 기대대로 독립운동가 배출의 산실이 되었다.

대성학교에는 도산의 사재로 학비를 보조한 학생이 10여 명이 있었는데, 1909년 10월 안중근 의거 직후 서울의 용산헌병대에 투옥될 때에도, 면회 온 안태국과 차리석 등에게 학비 보조를 거르지 말라고 당부할 정도로 학생들을 자식처럼 대했다. 학생들은 도산의 보살핌으로, 마치 친부모 슬하에서 공부하는 듯한 느낌이 마음 가운데 용솟음쳐 보통의 교장이나 선생이란 관념이 붙지 않았다.

도산은 여성 해방에도 선진적 사고를 지니고 있었다. 일찍이 약혼녀를 서울에 데리고 올라가 정신학교에 입학시킨 것에서도 알 수 있지만, 남녀평등을 몸소 실천해 갔다. 대성학교를 세우는 한편 조신성趙信聖(1867~1952) 여사와 함께 평양에 진명여학교를 설립해 여성의 중등교육에도 힘을 쏟았다. 그런가 하면 화류계의 여성들까지 인도하여 서울로 유학을 시키는 등 여성교육에도 선구적 자취를 남겼다.

청년학우회 설립

대성학교와 함께 도산이 힘을 기울여 세운 것이 청년학우회였다. 1908년 8월 설립한 청년학우회는 향학열에 목마른 젊은 청년들을 대상으로 만든 단체였다. 도산이 구상했던 청년학우회의 취지는 다음과 같다.

우리나라와 민족이 이렇게 쇠망한 근본적 이유는 국민적 자각, 민족적 자각, 역사적 자각, 사회적 자각이 부족한 데 있다. 비록 배일운동이 있기는 하나 그중에는 그냥 비분강개에 그치는 수가 많고 믿을 만한 책임감이 결여되어 있다. 그러므로 우리가 하는 청년운동은 어디까지나 진실을 숭상해야 한다. 언변보다는 실행을, 형용보다는 내용을 존중해야 한다. 그것이 무실역행務實力行이다. 이상과 목적을 책임 있게 실행할 능력도 기르고 정신도 기르자.

이런 취지를 담아 신채호가 작성한 것이 '청년학우회취지서'였다. 청년학우회 발기인에는 한영서원 원장 윤치호, 대성학교 총교사 장응진, 잡지 『소년』의 주필 최남선, 양실중학교 교장 최광옥, 대성학교 교사장 차리석·안태국, 오산학교 교장 이승훈, 상동청년학원 교사 이동녕, 경신중학교 교사 김도희, 보성중학교 교장 박중화·채필근, 공옥학교 교장 전덕기 등 신민회 인사들이 대거 참가했다. 그렇지만 자신이 주도한 청년학우회에서 도산은 정작 이름을 올리지 않았다. 명예와 지위를 탐하지 않았던 도산의 성품이 그대로 묻어나는 대목이 아닐 수 없다.

청년학우회는 이탈리아 통일에 기여했던 청년이탈리아당을 비롯해 유럽 청년단체들의 조직 형태를 본떠 만든 것이었다. 청년학우회의 훈련 덕목은 무실·역행·자강·충실·근면·정제·용감 등으로 정하고, 훈련 분야는 덕육·체육·지육智育으로 나누어 국권회복을 위한 준비교육을 시켜 나갔다. 청년학우회의 회원은 통상회원과 특별회원으로 이루어졌다. 통상회원은 만 17세 이상 중학교 졸업 정도의 학력을 갖고 품행이 단정한 청년들을 엄선해 뽑았다. 특별회원은 굳이 청년이 아니더라도 본회의 목적을 이행할 만한 인사들로 구성되었다.

청년학우회는 서울에 본부를 두고 지역별로 회원 50명 이상이 되면 지방 연회를 설립하도록 했다. 이에 따라 1910년 3월에 한성연회가 조직되고, 1910년 6월 평양연회·의주연회·안주연회 등이 설치되었다. 이후 정주·곽산·선천·삼화(진남포) 등지로 지회가 확대되어 갔다. 그중에서도 한성연회는 규모가 크고 단결이 잘 되었으며, 서간도 신흥무관학교로 진출한 청년들이 많았다.

청년학우회는 후일 흥사단으로 발전해 갔다. '무실역행'은 도산의 사상과 이념 그 자체였다. 무실역행이라는 말만 놓고 보면 독립운동과는 무관한 듯 여겨지지만, 독립운동에 앞서 무실역행이 선행되어야 한다는 것이 도산의 신념이었다. 나라의 위기에서 기성세대인 도산은 국권회복운동, 독립운동에 매진해 나가는 한편, 독립운동을 이어받을 후세대 양성에도 누구보다 심혈을 기울였던 것이다.

해외 독립군 기지 개척의 구상

1907년 7월 광무 황제가 헤이그 만국평화회의에 밀사를 파견한 것이 알려지면서, 일제가 광무 황제에게 일본으로 건너가 일왕에게 사과할 것을 강요하는 일이 벌어졌다. 한국인은 남녀노소 모두가 격분했으며, 전국 각처에서 서울로 대표를 파견해 광무 황제의 일본행을 저지하는 운동을 전개했다. 급기야 일제는 광무 황제를 강제 퇴위시키고, 정미 7조약을 강제하면서 한국 침략을 노골화해 갔다. 1907년 8월 1일 대한문 앞에서는 강제 해산에 반대하는 시위대 군인들이 처절한 최후 항전을 전개했다. 이때 시가전에서 부상을 당한 군인들을 세브란스병원의 의사, 학생들이 치료하는 것을 보고, 도산은 차리석·안태국 등과 함께 김형제상회에서 뛰어나가 부상병 치료를 거들었다. 그것은 실로 대한제국 최후의 처참한 광경이었다.

신민회가 해외 독립군 기지 개척을 계획하는 것은 1907년 8월 대한제국 군대가 강제 해산당한 직후였다. 해외 독립군 기지 개척의 계획에는 미주의 공립협회도 함께 참여했다. 1908년 2월 공립협회는 블라디보스토크에 공립협회 조직을 확장하기로 결의하고 이강을 파견했다. 이강은 국내에 들러 도산과 연해주 지역에 대한 공립협회 조직 사업을 의논하고 블라디보스토크로 갔다. 이강은 1908년 3월『해조신문』,『대동공보』를 발행하는 한편, 공립협회 지회 조직을 세우는 데 힘을 기울였다. 그 결과 1908년 9월 공립협회 파르티잔스크지방회, 1909년 1월에 블라디보스토크지회가 조직될 수 있었다. 이 무렵 미주의 공립협회는 1909년 2월 하와이의 한인합성협회와 통합하면서 국민회로 개편되었다. 이와 함께 1908년 10월 설립한 아세아실업주식회사가 1909년 3월 태동실업주식회사로 승계되면서, 시베리아 지방에 독립운동 기지 개척을 위한 주식 모금을 본격적으로 전개해 갔다. 이어 국민회는 1909년 4월 국민회 총회장 정재관鄭在寬(1880~1930)과 헤이그 특사 이상설李相卨

(1871~1917)을 원동遠東 지방 전권위원으로 임명하고 현지로 파견했다.

1909년 10월 26일 중국 하얼빈에서 안중근 의거가 일어나자, 도산은 이갑·이종호 등과 용산헌병대에 수감되어 여러 달 고초를 치러야 했다. 이때 최석하라는 인물이 통감부정책에 협동할 것을 종용했다. 겉으로는 통감부와 협동하는 척만 하고 실제로는 한국을 위해 일하자는 것이었다. 이때 도산은 무슨 일이 있어도, "통감부의 사냥개가 될 수 없다"면서 다음과 같이 답변했다.

옥중에 다시 들어갈지라도 나는 도저히 통감부의 사냥개가 될 수는 없다. 만일 우리가 친일파 또는 사냥개라는 지목을 받게 되면 누가 안창호의 말을 믿을 것인가. 그리고 통감부 감시를 받으며 어떻게 한국을 위해 일한다고 말할 수 있을까? 거짓으로 친일파가 되고 내용으로는 애국자가 된다고 주장하지만 한번 친일파라는 이름을 갖게 되면 죽은 후에도 친일파로 천추만대에 더러운 이름을 남기게 될 것이오. 통감부 당국이 원하는 바는 우리가 친일파가 되어 저들 앞에서 일하기를 원하는 것이니, 아니라도 우리가 친일파가 되었다는 이름만 갖게 되기를 바라는 것이오. 우리가 통감부의 견마로 팔려 친일파가 되었다는 소문이 세상에 전파되면 금후의 한국 청년들은 사상타락과 정신마비의 비참한 상태를 이루게 될 것이오. 그런 후 우리가 아무리 좋은 말을 한다 할지라도 매국적과 친일파의 말을 누가 신청하며 누가 찬성할 것인가? 대한의 애국자 안창호가 옥중에서 죽었다 하는 대신에 일본 사냥개 안창호라는 구차한 생명을 보전하자는 말인가?

옥중에서 죽을지언정 구차하게 생명을 보전하지 않겠다는 도산의 각오는 흔들림이 없었다. 사실 일제는 도산을 회유하기 위해 온갖 꾀를 부렸으나, 그때마다 도산은 결연한 의지를 보여주었다.

도산이 풀려 나온 직후 신민회는 1910년 3월 긴급 간부회의를 열어 독립전쟁의 전략을 채택하고 국외에 무관학교와 독립군 기지를 건설한다는 계획을 세웠다. 신민회는 당초 백두산 부근에 독립군 기지를 개척한다는 방침이었다. 기지가 선정되면 국내에서 이주민을 모집해 집단적으로 이주시켜 한인촌을 건설한다는 것이었다. 토지를 개간해 경제적 자립과 자치행정을 실현하는 한편 무관학교를 설립해 독립군을 창설한다는 원대한 계획을 세웠다.

거국가를 남기고 해외로 망명하다

이토와의 면담

1909년 1월 융희 황제가 평양 서궁西宮을 순행할 무렵의 일이었다. 일제 경시가 각 학교의 학생들에게 태극기와 일본기를 들고 정거장에서 마중 하라는 것이었다. 이때 도산은 경시에게, "이토가 황제와 동등 자격으로 오는 것이냐, 아니면 황제를 쫓아 오는 것이냐" 물었고, "쫓아 오는 것" 이라 하니까, "태극기와 함께 일본기를 들라는 것은 황제와 이토를 동등 한 자격으로 대우하는 것이므로 옳지 않다"면서 대성학교 학생들을 보 내지 않았다. 이 일이 있은 후 대성학교가 폐교된다는 소문이 나돌았다. 『대한매일신보』는 사설에서 "서도교육西道敎育의 중심인 대성학교를 황 제 수행 시에 일장기를 함께 게양하지 않았다는 이유로 폐지할 것을 연 구계획 중이라는 설이 자자하다"면서 그 부당함을 역설했다.

이토 히로부미

이 일로 도산의 이름이 통감인 이토 히로부미伊藤博文(1841~1909)에게까지 들어가게 되었다. 소문을 들은 이토는 도산에게 만날 것을 요청한 바 있었다. 그때마다 도산은 일개 서생에 불과한 자신이 어떻게 유명한 정치가를 만날 수 있겠는가 하며 거절하곤 했다. 그런데 세 번째마저 거절하면, 다른 방면에서 화를 미칠 것 같아 남산에 있는 통감 공관을 찾기에 이르렀다. 이때 이토는 문밖까지 나와 예우를 갖추어 마중했고, 도산이 일본어를 모르기 때문에 이갑의 통역으로 두 사람의 대화가 이뤄졌다. 역설적이지만 도산은 한국인 중에 통감 이토 히로부미가 제일 우대한 사람이었다.

이토가 도산에게 먼저 물었다.

"삼천리 방방곡곡을 다니면서 연설을 한다는데 무슨 목적인가?"

"귀하가 50년 전에 일본 강산에서 한 그런 사업을 나는 오늘날 이 땅에서 하려는 것이다."

"일본이나 한국은 가까운 동양 사람이 아닌가. 우리 동양 사람들이 힘을 합해 잘해 나가야만 백인들로부터 화를 면하고 잘 살 것인데, 이렇게 동양 사람끼리 떨어져서는 서로 재미가 없지 않은가?"

"귀하의 말씀이 대단히 좋다. 우리 동양문제를 말하자면, 가령 일본이 머리고, 한국은 목이고, 중국은 전체라 합시다. 그 머리와 목과 전체가 잘 연락이 되어야 할 것이나 서로를 이심離心하는 것이 유감이다."

"그 믿지 못하는 것이 무엇인가?"

"예를 들면 이동휘나 강윤희 같은 사람들을 죄도 없이 오랫동안 가둬놓고 있지 않느냐, 두 사람이 죄가 있다면 교육운동을 한 것밖에 없다. 교육자를 잡아 그렇게 하니 교육까지 하지 말라는 의미가 아닌가. 그러니 한국 사람들이 의심을 하지 않을 수 있는가."

"나도 처음 듣는 일인데 그것은 하부 관리들이 한 짓이다. 내일 곧 석방할 테니 안심하라. 그리고 연설회에 참가해도 좋다."

이토는 그 자리에서 약속하고 다시 물었다.

"내가 북경에 가려고 하는데 같이 가지 않겠는가?"

"나는 일개 서생이라 갈 자격이 없다."

도산과의 대화 후 이토는 이갑에게 일본어로 "안창호는 참 옳은 사람이다. 높은 자리를 차지할 사람이다"라고 평가했다고 한다. 도산은 동양평화를 위한 영구한 기초를 쌓자는 이토의 꾐에 절대 빠지지 않았다.

이토의 약속대로 대연설회가 열릴 때 도산은 연사로 참가했다. 그 소식을 들은 사람들이 구름떼처럼 몰렸다. 두 시간에 걸친 연설에서 도산은 "대한의 남자들아! 너희가 만일 국가를 쇠망하게 하는 악습을 고치지 아니하면 오늘은 너희 등에 능라주의를 걸치고 다니지만, 내일에는 너희 등에 채찍이 내리게 될 것이다. 대한의 여자들아! 너희가 만일 사회를 부패케 하는 추태를 버리지 아니하면 오늘에는 너희 얼굴에 분이 발렸지만, 내일에는 똥이 발리게 될 것이다"라며 각성할 것을 촉구했다.

망국이 눈앞에 닥쳤는데도 깨닫지 못하는 사람들에게 외친 이 연설은 나라를 구하기 위한 마지막 절규와도 같았다. 이토도 참석한 대연설회에서 도산은 조금도 거침없이 열변을 토해냈던 것이다.

이 연설회가 끝난 직후 김필순은 도산을 보호하기 위해 세브란스병원에 입원시켰다. 노골적으로 일제를 배격하는 연설로 도산의 신변이 걱정되었기 때문이다. 김필순은 "만일 그러한 연설을 다시 한다면 생명의 위협이 있을 것이니 다시 하지 마라"고 간청했다. 그렇지만 도산은 자신이 옳다는 일에 조금도 주저함이 없었다.

이토와 도산이 만났다는 사실은 미국의 한인사회에도 전해졌다. 후일 안도산의 전기를 썼던 곽림대는 "이토가 도산을 초청한 것은 통감부의 일을 돕게 매수하고자 함이었으나, 도산을 도저히 잡을 수 없다고 판단해 내보내고 만 것"이라고 회고한 바 있다.

거국가를 남기다

도산의 국내 생활도 점점 어려워져 갔다. 안중근 의거 직후 도산은 서울 용산헌병대로 이송되어 여러 달 고초를 겪어야 했다. 안중근 의거의 배후 인물로 지목되었기 때문이다. 1910년 2월 출옥한 도산은 일제의 감시와 탄압이 심해지면서 더 이상 국내에 머물 수 없는 처지에 이르렀다. 국내에 머문 3년 동안 도산의 업적은 그야말로 대단한 것이었다. 신민회를 통해 독립운동의 새바람을 일으켰고, 대성학교·청년학우회를 세워 차세대 독립운동가들을 양성했으며, 대중연설을 통해 잠자고 있던 민심을 깨우치게 했으며, 미주의 공립협회와 힘을 합해 신민회가 해외 독립군 기지를 개척하는 길을 열기도 했다. 그러나 그 모든 노력도 일제의 침략을 막기에는 역부족이었다. 그런 상황에서 도산은 신민회가 추진한 독립군 기지 개척을 실행에 옮기기 위해 1910년 4월 거국가去國歌를 남기고 망명을 단행했다.

도산은 1910년 4월 7일 행주에서 목선을 타고, 교동도, 황해도 장연을 거쳐 중국 산동반도 위해위에 도착했다. 한국을 떠나면서 지은 노래, 즉 거국가는 당시의 그의 심경을 절절하게 보여주고 있다.

1. 간다간다 나는간다 너를두고 나는간다
   잠시뜻을 얻었노라 까불대는 이시운이
   나의등을 내밀어서 너를떠나 가게하나
   일로부터 여러해를 너를보지 못할지나
   그동안에 나는오직 너를위해 일할지니
   나간다고 설워마라 나의사랑 한반도야

2. 간다간다 나는간다 너를두고 나는간다
   지금너와 작별한후 태평양과 대서양을
   건널때도 있을지요 시베리아 만주들로
   다닐때도 있을지나 나의몸은 부평같이
   어느곳에 가있든지 너를생각 할터이니
   너도나를 생각하라 나의사랑 한반도야

3. 간다간다 나는간다 지금이별 할때에는

　　빈주먹을 들고가나 이후성공 할때에는

　　기를들고 올터이니 눈물흘린 이이별이

　　기쁜일이 되리로다 악풍폭우 심한이때

　　부대부대 잘있거라 부대부대 잘있거라

　　훗날다시 만나보자 나의사랑 한반도야

　거국가에서 보듯이, 그토록 사랑하는 나라를 떠나야 하는 도산의 마음이 통절하기 그지없다. 그렇지만 마냥 슬픔에 젖어 있지만은 않았다. 어디에 있거나 오직 나라를 위해 일할 것, 언제든지 나라를 생각할 것, 반드시 나라를 되찾을 것이라는 굳은 맹세가 깊게 배어 있었다. 지금은 빈주먹이지만 나중에 성공해서 광복의 깃발을 들고 올 것이니 슬퍼하지 말고 다시 만나자는 대목은 차마 처연할 정도로 비장한 각오를 드러내고 있었다.

청도회의와 해삼위회의

도산은 1910년 7월 청도에서 신민회 동지들인 이갑·유동열·신채호·김희선·이종호·김지간·이강 등과 모였다. 독립군 기지 건설을 위한 구체적 실행에 대한 논의를 나누기 위해서였다. 이때의 논의가 독립운동사에서 말하는 청도회의 또는 청도회담이다. 참석 인사들의 의견은 분분했다. 신문·잡지 등을 발간해 독립정신을 계몽하자는 유동열·김희선 등의 주장과 한인촌을 건설해 독립군 기지를 개척하자는 안창호·이갑 등의 주장이 맞서 의견의 일치를 보지 못한 채 각자의 길을 도모하기로 한 것이다.

주의할 것은 많은 저술들에서 청도회의 때 도산의 준비론과 이동휘의 무장투쟁론이 대립하면서 결렬된 것처럼 이야기하는 경우가 있다는 점이다. 그러나 청도회의 때 이동휘李東輝(1873~1935)는 국내에 남아 있었다. 이동휘는 1910년 8월 성진에서 체포되어 8월 29일이 지나서야 석방되었다. 그리고 1911년 1월 부흥사경회를 마치고 회령을 출발해 북간도를 돌아본 뒤 그해 3월 성진에서 다시 체포되었다가 대무의도에 유배된 후 1912년 6월에 석방됐다. 그 후 북간도와 연해주로 넘어간 이동휘는 1914년 초 미국에 있는 도산에게 블라디보스토크의 근황을 전하는 등 긴밀한 관계를 유지해 갔다.

청도회의 결렬 후 1910년 8월 도산이 독립운동 기지를 개척하기 위해 찾은 곳은 연해주 블라디보스토크였다. 그는 앞서 파견된 이강과 만나 그의 집에서 머물렀다. 이 무렵 블라디보스토크에서는 '13도의군義軍'이 편성되어 있었다. 의병의 상징적 인물인 유인석柳麟錫(1842~1915)을 도총재로 추대한 13도의군에는 이범윤·홍범도·이남기·이진룡 등 의병장뿐 아니라 도산을 비롯해 이갑·이상설 등 계몽인사들도 참가하고 있었다. 한때 계몽운동과 의병은 방략을 달리하며 대립한 일도 있었지만, 망국의 현실에서 두 계열의 독립운동이 서로를 보완하며 통합을 이룬 것이다. 의병의 무장투쟁 방략을 계몽 계열이 받아들이고, 계몽주의의 근대적 이념을 의병이 받아들였던 것이다. 그런 점에서 13도의군

블라디보스토크 신한촌

은 의병이 독립군으로, 또 계몽운동이 독립군으로 발전해 가는 모습을 보여주는 것이었다. 13도의군은 국내 13도에 의병 조직을 만들어, 이를 바탕으로 독립전쟁을 개시한다는 계획을 세우고 광무 황제에게 두 가지 내용의 상소를 올렸다. 첫째는 13도의군이 국권회복을 목표로 편성되었음을 밝히고 군비가 부족하므로 내탕금에서 군자금을 보내줄 것, 둘째는 광무 황제에게 러시아 영토인 연해주에 파천하여 망명정부를 세우고 독립운동을 영도하도록 요청한 것이다.

그러나 망국이 눈앞에 닥치면서 700여 명의 이름으로 신한촌의 한인 학교에서 한인대회를 열고 성명회聲明會를 조직했다. 성명회란 "성피지죄聲彼之罪, 명아지원明我之冤", 곧 "저들 일제의 죄를 성토하고, 우리의 원한을 밝힌다"는 뜻이었다. 성명회 조직 당일 50명의 청년 결사대가 일본인 거류지를 습격했으며, 결사대원은 1,000여 명으로 늘어났다. 또 성명회는 일본 정부에 '국제공약에 대한 배신'을 꾸짖는 공한을 보내고, 각국 정부에는 '병탄의 무효'를 선언하는 전문과 성명회의 선언서를 보냈다. 1910년 8월 26일 미국에 보낸 전문에서, "일본의 폭력적인 한국 병탄은 평화의 위반일 뿐 아니라 미래의 끝없는 투쟁의 계속을 의미할 뿐이다. 귀 정부가 일본의 한국 병탄을 반대하는 적절한 태도를 표명해주기를 바라는 바다"라는 뜻을 전했다. 그러나 이상설李相卨(1870~1917)을 비롯해 성명회, 13도의군 관계자들이 러시아 당국에 체포되면서 성명회의 활동은 중단되었다.

끝내 대한제국은 8월 29일 최후를 맞이하고 말았다. 신민회 인사들은 9월 블라디보스토크에서 세칭 '해삼위회의'를 열었다. 그런데 독립전쟁의 방략을 놓고 주장이 나뉘었다. 유동열·김희선 등은 국권이 상실된 상황에서 장기적인 독립군의 양성보다 국외 동포들을 모아 독립군을 결성해 즉각 국내로 진공할 것을 주장한 반면, 안창호·이갑 등은 장기적 전략으로 신한촌과 무관학교를 설립해 독립전쟁의 토대 구축에 힘쓸 것을 주장했다.

독립군 기지를 물색하다

도산은 독립군 기지를 개척하기 위해 연해주에서 태동실업주식회사의 땅을 이종호의 투자로 살 계획이었다. 앞서 청도회의에서 이종호가 3,000달러의 자금을 투자해 태동실업주식회사의 땅을 구입해 개간과

동시에 사관학교를 세워 독립군을 양성한다는 계획에 동의한 바 있었다. 유동열·이갑·김희선이 사관학교의 군사교련, 신채호가 일반 과목을 맡고, 김지간이 토지경영의 책임을 맡기로 정해져 있었다. 그러나 이종호의 변심으로 낭패를 겪어야 했다. 사관학교 설립 계획도 무산되고 말았다. 평소 낙담하는 기색을 드러내지 않는 도산이었지만, 그때만큼은 낙망을 감추지 못할 정도였다. 그러나 도산에게는 어떤 고난이 따르더라도 절망은 없었다. 그것이 도산의 진정한 힘이었다.

독립군 기지를 물색하기 위해서는 며칠씩 걸려 산골 깊은 곳까지 찾아다니는 일이 허다했다. 그런 중에 목릉현에서 중국 관병에게 폭행을 당하는 봉변을 겪기도 했다. 폭행을 당한 도산과 이강은 목릉현 신한촌에 살고 있는 안중근의 동생 안정근安定根(1885~1949)을 찾아갔고, 안정근이 평소 가까이 지내던 송덕괴라는 중국인의 도움을 받아 중국 관헌의 사죄를 받아낼 수 있었다.

이때 독립군 기지로 부상한 곳이 봉밀산 일대였다. 봉밀산은 러시아 흥개호(싱카이호) 근처에 위치하고 있었다. 북만주와 러시아 국경지대에 위치한 봉밀산은 중국령이지만 정치적·경제적으로는 러시아와 밀접한 곳이었다. 무엇보다 일제의 세력이 미치지 않았으며, 지리적으로 만주와 러시아의 한인들이 왕래하기에 적합한 지역이었다. 넓은 평원에 토질도 비옥해 농업을 하기에 적당한 곳이었다. 태동실업주식회사의 대리인 정재관과 원동임야주식회사 대리인 이상설이 이 지역의 토지를 공동구입한 바 있었다. 이상설은 미주에서 보낸 5,000달러의 자금과 블라디보스토크의 자산가 김학만·이승희 등과 힘을 모아 한흥동韓興洞이라는 마을을 건설하고 있었다.

도산은 1911년 2월 안정근·장경 등과 밀산현 봉밀산 개척지를 돌아보았다. 그리고 철로변 백리안에 땅을 구할 수 있었다. 그러나 자금이 문제였다. 연고도 없이 낯설고 물설은 연해주에서 도산이 자금을 모집하는 것은 한계가 있었다. 도산이 미주로 떠난 뒤 동지들은 중국인들에게 자금을 빌려 1911년 7월 토지 등기를 마칠 수 있었다.

대한인국민회
중앙총회를 일으키다

대한인국민회 중앙총회

독립군 기지 개척은 재원이 마련되지 않고서는 불가능한 일이었다. 더이상 연해주에 머무를 이유가 없었다. 그렇다고 나라가 망한 국내로 다시 돌아갈 수도 없었다. 그가 기댈 수 있는 곳은 오로지 미주의 한인사회였다. 도산은 이갑李甲(1877~1917)과 함께 1911년 5월 말 블라디보스토크에서 시베리아열차를 타고 러시아의 수도 상트페테르부르크로 향했다. 그곳에서 이갑과 작별한 뒤 베를린, 런던을 거쳐 그해 9월 3일 미국 뉴욕항에 도착했다. 그런데 영국에서 미국으로 건너올 때 망국민의 처지를 통감해야만 했다. 영국 해관 당국이 도산이 소지한 대한제국의 여권을 인정하지 않고 일본 여권을 요구했던 것이다. 우여곡절 끝에 '정치망명가'라는 명목으로 간신히 미국행 기선에 탑승할 수 있었지만, 일본 여권을 거부한 채 대한제국 여권을 사용한 도산은 국경을 넘을 때마다 애를 먹어야 했다.

도산이 국내에서 활동하는 동안 공립협회도 변화가 있었다. 1909년 2월 1일 공립협회와 하와이의 한인합성협회가 국민회로 통합한 것이다. 국민회 창립 직후 한인합성협회는 하와이지방총회로, 공립협회는 북미지방총회로 이름을 바꾸었다. 하와이국민총회장에는 정원명, 북미국민총회장에는 정재관이 선출되었다. 양 단체의 기관지인 『공립신보』와 『합성신보』도 각각 『신한민보(The New Korea)』와 『신한국보(The Korea Herald)』로 바뀌어 발간되었다. 1910년 2월에는 국민회와 대동보국회가 대한인국민회로 통합하면서 명실공히 미주지역 한인의 최고기관이 되었다.

도산은 바로 대한인국민회 조직을 정비해 갔다. 그리고 대한인국민회 조직을 미주뿐 아니라 시베리아, 연해주와 만주 등지로 지회 설치를 확대하면서, 해외 한인사회를 하나로 묶는 원대한 계획을 추진했다. 이와 함께 대한인국민회는 해외 한인의 '임시정부' 역할을 자임하고 나섰다. 대한인국민회는 샌프란시스코에 본부를 둔 중앙총회 산하에 북미·하와이·멕시코·시베리아·만주 5개 지역에 지방총회를 두었다. 그리고 다시 각 지방총회 관할 아래 116개소의 지방회를 두어 해외 독립운동의 지도적 역할을 수행하는 기관으로 성장해 갔다. 1912년 11월 20일 정식으로 대한인국민회 중앙총회 선포식을 거행했다. 이때 박용만朴容萬(1881~1928)은 "우리의 단체를 무형한 정부로 인정하자"면서 중앙총회를 임시정부로 만들 것을 주장했다.

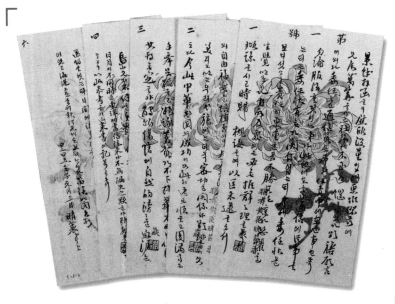

중국의 혁명 정황을 보고한 조성환의 편지(1912)

　　도산은 미국에 머물면서도 국내외 각지의 독립운동가들과 지속적으로 연락망을 구축하고 있었다. 북경의 조성환·손정도, 남경의 이태준李泰俊(1883~1921) 등은 도산에게 중국의 신해혁명과 중화민국 성립 등을 상세히 보고하며 향후 진로를 타진해 갔다. 신민회 회원으로 러시아의 이갑, 상해의 김진용·선우혁, 북간도의 이동휘·정재면·황병길, 서간도의 양기탁·배천택·이탁 등은 태평양을 넘어 끊임없이 편지를 주고받았다. 1915년 중국 상해가 향후 독립운동의 최적지임을 알리는 조소앙의 보고도 있었다. 도산은 오히려 미주에 있으면서 해외 각처의 정황을 파악하며 종합적 대책을 세워나갔던 것이다. 김규식·김영일·김필순·박은식 등도 도산과 서신을 주고받았으며, 조성환은 서신에 호수를 매기며 공식적으로 보고를 할 정도였다.

1913년 미국인들이 한인 노동자를 배척하는 일이 생겨났다. 이 일이 신문에 보도되자 로스앤젤레스 일본총영사관이 미 당국에게 "한국은 1910년 합병 이후 일본제국의 식민지가 되었으므로 우리의 제국 신민인 그들을 박해했으니 이에 대한 대책을 세워 달라"는 요구를 한 바 있었다. 이에 대한인국민회 대표 이대위李大偉(1878~1928)가 미 당국에게 "지금 여기 와 있는 한국인은 일본인의 식민이 될 수 없다. 우리는 합병 전에 이리로 나온 것이니까 일본과는 따로 독자적으로 취급해 줄 것"을 요청했다. 미 당국은 양측의 주장에 대해 대한인국민회의 손을 들어주었다. 미주 한인이 일본의 식민이 아니라는 미 당국의 판단이었다. 이후 미주 한인들 사이에서는 "미주의 한인은 일본의 식민이 아니다"라는 의식이 확고해졌다. 아울러 대한인국민회는 명실공히 한인의 대표기관으로서 위상을 지켜나갔다.

하와이와 멕시코 순방

대한인국민회가 미주 전역으로 확산되면서 도산은 북미 지역에만 머물 수 없었다. 하와이에서는 독립운동의 두 거두 이승만과 박용만의 반목이 결국 한인사회를 둘로 갈라놓았다. 원래 두 사람은 정순만鄭淳萬(1873~1911)과 함께 '3만'으로 불리며 형제처럼 돈독히 지낸 적도 있었다. 그런데 이승만이 하와이로 오면서 둘의 관계는 적대적으로 바뀌었다. 박용만은 독립군 양성소인 네브래스카소년병학교를 세우고 『신한민보』 주필로 활동하다가 1912년 하와이로 넘어와 1914년 대조선국민군단을 조직해 활동하고 있었다. 1913년 초 이승만이 하와이로 오는 것은 아이러니하게도 박용만의 초청에 의해서였다. 국내에 머물던 이승만이 1912년 미국 미네소타에서 열린 국제감리교대회에 참석했다가 박용만의 초청으로 하와이에 온 것이다. 그런데 두 사람은 독립운동의 방략을 놓고 대립했다. 무장투쟁을 주장한 박용만과 교육을 주장한 이승만은 의견 차이가 있었고, 두 사람의 대립은 끝내 법정으로 비화되기에 이르렀다.

두 사람의 대립은 미주 한인사회의 커다란 손실이 아닐 수 없었다. 도산은 1917년 6월 두 사람의 화해를 위해 하와이를 찾았다. 도산이 온다는 소식을 듣고 이승만과 박용만이 각기 다른 섬으로 피하는 촌극이 벌어지기도 했다. 그렇지만 도산은 양측의 한인들을 모아 공동대회를 열고 분쟁의 원인을 하나씩 해소해 나갔다. 그리고 도산의 노력으로 이승만과 박용만도 화해의 악수를 나눌 수 있었다. 그러는 동안 하와이 체류가 다섯 달이나 흘러갔다. 도산은 1917년 10월 멕시코 순방이 예정되었으므로 샌프란시스코로 돌아와 1주일 만에 다시 멕시코로 향했다.

멕시코에는 1,000여 명의 한인들이 있었다. 초기의 한인들은 이민 경비를 농장 주인이 댔다는 이유로 봉급 없이 숙식만을 제공받고 있었다. 거의 노예나 다름없는 셈이었다. 이런 생활상이 알려지면서 국민회는 1909년 황사용黃思溶·방화중邦化重 두 사람을 멕시코로 파견한 바 있었다. 그리고 1909년 5월 9일 국민회 메리다지방회를 창립할 수 있었다.

멕시코 순방에 앞서 찍은 가족사진(왼쪽부터 필선, 도산, 수라, 필립, 수산, 이혜련)

도산은 멕시코 한인들의 초청으로 1917년 10월부터 1918년 8월까지 10개월 동안 멕시코 한인사회를 순방했다. 이때 도산이 강조한 것은 대한인국민회 구성원으로서 통일 단결할 것, 노동신용규칙을 제정해 실행할 것, 한인학교를 확대시킬 것, 멕시코법을 알기 위해 법률 전공의 유학생을 키울 것, 생활태도를 개선할 것, 토지를 구입해 한인촌을 건설할 것 등이었다.

멕시코 한인들의 생업은 주로 에네켄 농장의 노동일이었다. 에네켄 henequén이란 마야 원주민의 말인데, 용설란과 식물의 하나이다. 이것을 원료로 섬유를 만들었는데, 영어로는 사이잘Sisal, 스페인어로는 소스킬 Sosquil이라 불렀다. 이 섬유는 주로 밧줄이나 노끈 및 가방 등을 만드는 데 쓰였다. 한인들은 에네켄을 '어주기', '어저구', '어저귀'라 불렀다. 넓은 들에 어저귀를 심었다가 큰 잎을 따고, 어린 잎은 그대로 두었다가 자라면 다시 따는 방식으로 짓는 농사였다.

그런데 멕시코 한인들은 농장주들로부터 신용을 잃어 노동일을 구할 수 없게 되었다. 또 일자리를 구하지 못하다 보니 극심한 생활고에 시달려야 했다. 특히 유카탄의 에네켄 농장주들은 한인들을 악질 노동자로 지목해 배척하고 있었다. 에네켄 농장에서 한인 노동자들은 어저귀 50매를 묶어 1단을 만들고, 1단을 단위로 돈을 받았다. 그런데 한인들이 40매 또는 45매를 묶어 1단이라 속였던 것이다. 이런 한인들의 부도덕한 행위를 놓고 농장주뿐 아니라 현지 신문도 한인들은 "적성賊性을 가진 민족"이라 비난했다.

도산은 먼저 한인들을 만나 신용의 중요성을 거듭 강조했다. 그리고 우선 신뢰를 회복하는 데 힘쓸 것을 당부했다. 도산은 한인들에게 "어저귀 한 단 묶는 것이 곧 나랏일"이라면서, "신용은 노동이나 상업뿐 아니라 모든 사업의 기본"임을 역설했다. 그리고 에네켄 농장을 일일이 찾아다니며 한인 노동자들과 함께 잎을 자르며 몸소 모범을 보여주기도 했다. 솔선수범하는 도산의 태도에 한인들은 비로소 자신들의 잘못을 뉘

멕시코 흥사단원들

우치고 새롭게 거듭날 것을 맹세했다.

그런 다음 도산은 어저귀 농장 주인들을 만나 한인들의 새로운 각오를 전달했다. 처음에는 냉담하기만 했던 농장 주인들도 도산의 정성에 감복해 한인들이 다시 농장에서 일할 수 있었다. 메리다지방회는 도산의 뜻에 따라 1918년 2월 '메리다 노동규정'을 반포했다. 12개조로 구성된 '노동규정'은 한인들이 지켜야 할 노동규정을 제시했다. 이들은 또한 '노동주무원 단속법'도 제정해 자율적 감독체계를 갖추었다.

멕시코 당국도 한인들이 예전과 달리 일신한 모습에 반가워했다. 현

한옥 양식의 건물에 모인 멕시코 한인들(1918)

지 신문에서는 "안창호라는 지도자가 오더니 한인들이 과연 명목이 일
신하여 일에 열심이고 정성을 들여 농장에 큰 이익을 올리게 했다"는 보
도를 내기에 이르렀다.

　도산의 멕시코 방문에는 또 다른 목적이 있었다. 1,000여 명의 한인
들을 대한인국민회가 관할하는 멕시코연합지방총사무소를 설치하는 것
이었다. 멕시코 한인들이 아직 자립하기에는 역량이 모자라, 교육을 장

려하고 산업을 육성해야 한다는 판단에서였다. 도산의 목표는 한인들로부터 자금을 모아 주식회사 형태의 농장을 경영하는 것이었다. 그 자금은 1주株에 10달러씩 2,000주, 즉 미화로 2만 달러를 모아, 농장 설립에 필요한 토지 구입에 사용하려는 것이었다. 농장 부지는 태평양 연안 미국 접경 지역으로 정하고, 멕시코 한인들을 이주시켜 땅을 자유롭게 경작하게 할 방안이었다. 자금 마련도 추진되어 당초 미화 2만 4,000달러를 1918년 4월까지 모금하기로 했다. 도산의 계획에 회원들도 적극 참가해 불과 한 달 만에 멕시코 돈 1만여 원을 모금할 수 있었다. 도산도 260달러를 주식금으로 내놓았다. 도산이 미국에 돌아온 뒤에도 멕시코 한인들이 모금한 달러가 미국으로 보내져 왔다. 그런데 미국으로 보낼 자금이 중도에 분실되는 사고가 벌어져 농장 설립은 실현되지 못했다.

그렇지만 도산이 머무는 6개월 동안 멕시코 한인사회는 몰라보게 달라졌다. 멕시코 한인들 스스로, 도산의 멕시코 순행을 통해 첫째 단결력이 증진되었고, 둘째 한인사회의 질서가 정돈되었으며, 셋째 한인 노동의 신용이 회복되었고, 넷째 자유로운 생활과 청년교육이 발전할 수 있었다는 것을 자평하기에 이르렀다. 불량한 신용과 극심한 생활고에 처했던 한인들을 새로운 삶으로 이끌어낸 것은 도산만이 가진 능력이었다. 도산은 그야말로 '티끌 모아 태산'을 실천으로 옮기는 지도자였다. 그리고 멕시코 한인들은 생활의 안정을 바탕으로 독립운동 대열에 합류해 갔다.

3·1운동과 미주 한인들이 해야 할 일

1918년 10월 멕시코에서 돌아온 도산은 대한인국민회 일에만 몰두할 여유가 없었다. 1차 세계대전 종전과 함께 국제정세는 급변해 갔다. 제국주의에 대한 반성이 일어나는 가운데 국제사회에서 약소민족의 해방 문제가 부상하고 있었다. 패전국의 식민지를 해방시켜야 한다는 윌슨 Thomas W. Wilson(1856~1924)의 민족자결주의가 국제적으로 커다란 파장을 불러일으킨 것이다. 그에 따라 폴란드와 핀란드, 그리고 발트 삼국과 같은 곳에서는 이미 독립을 선포하고 나섰다.

대한인국민회 북미총회는 1918년 11월 14일 특별임원회를 개최하는 한편 11월 25일 파리강화회의와 뉴욕약소국동맹회에 한국 대표를 파견할 것을 결의했다. 그리고 1918년 12월 대한인국민회 중앙총회는 국제대회에 파견할 경비를 모집하기 위해 임시위원회를 구성했다. 하와이지방총회에서도 적극 찬동하겠다는 의사를 보내왔다.

이때 민찬호는 도산에게 뉴욕약소국동맹회에 대한 활동 결과를 알렸다. 주요 내용은 윌슨 대통령에게 약소민족의 자치권을 보장해 주도록 요구한 것과 각 약소민족이 작성한 독립청원서를 파리강화회의에 보내고, 만약 강화회의의 출석권이 얻어진다면 약소민족 대표 모두가 파리로 건너가기로 했다는 것이다. 그러나 대한인국민회는 약소국동맹회에 대해 큰 기대를 걸지 않았다. 다만 파리강화회의 참가를 시험해 볼 수 있는 하나의 기회로 타진하는 정도였다.

그러던 중 1919년 3월 9일 원동통신원 현순이 전보로 3·1운동의 소식을 전해왔다. 3·1운동 소식을 듣고 도산은 가슴이 벅차올랐다. 기다리고 기다리던 독립의 기회가 드디어 찾아온 것이었다. 거국가를 남기고 조국을 떠나온 이래 연해주와 미주에서 보낸 10여 년의 세월은 바로 이날을 위해 준비한 시간이나 다름없었다.

도산은 3월 13일 대한인국민회 중앙총회위원회를 열었다. 그리고 3·1운동의 정신을 계승해 미주의 한인들이 해야 할 일을 다음과 같이 주장했다.

우리가 독립선언의 대사건이 발생하기 전에는 내지 동포의 내정을 몰라 앞뒤를 돌아보며 주저하였지만 오늘 전국 민족이 나라를 위해 생명을 바치는 때 대한 민족의 한 분자된 우리는 재주와 힘을 다해 생명을 희생해 죽기까지 용감하게 나갑시다. 죽기를 맹세하고 나가면 우리는 서로의 의리의 감동함이 있을 것입니다. ··· 1) 우리는 피를 흘린 후에 비로소 목적을 관철할지니, 이로써 준비하여 마땅히 지킬 비밀 외에는 비밀을 지키지 않을 것이요. 2) 북미·하와이·멕시코에 재류한 한인은 특별히 담부한 책임을 깨달을 것이오. 특별 책임이 무엇이냐 하면 미국에 있음으로 담부하는 책임입니다. 미국은 지금 세상에 가장 신성한 공화국으로 자유와 정의를 힘써 창도하나니, 장래 미국이 활동하면 우리에게 큰 관계가 있을 것입니다. 우리는 지금으로부터 준비하여 널리 유세하며 각 신문, 잡지를 이용하여 여론을 불러일으키고 종교계는 지금 한국 교도의 악형받는 참상을 널리 고하여 우리를 위하여 기도하여 주기를 청구합시다. 3) 재정 공급이 또한 북미·하와이·멕시코 재류 동포의 가장 큰 책임입니다. 2,500만 민족이 다 일어나는 이때 우리는 대양을 격하여 내왕을 임의롭지 못함을 말미암아 몸을 바치는 대신에 재정 공급에 중임을 부담하였으니 우리는 금전으로써 싸우는 군인으로 생각합시다.

이날의 연설은 도산이 독립전쟁 출정에 앞서 던진 출사표와도 같았다. 그동안 국내 사정을 몰라 주저한 것이 사실이나, 이제부터는 있는 힘 다해 죽을 때까지 독립운동을 일으키자는 것이었다. 미주의 한인들이 해야 할 일은 첫째 희생을 두려워하지 말 것, 둘째 독립운동에 큰 힘이 되도록 미국의 여론을 불러일으킬 것, 셋째 독립운동의 재정을 담당하는 "금전으로 싸우는 군인"이 되자는 것이었다.

대한인국민회 중앙총회는 3월 15일 미국·하와이·멕시코 지역의 전체대표자대회를 열어 미주 지역 한인들의 통일적인 운동 방침을 결정했다. 13개 항의 결의안은 먼저 미주 지역 한인들의 독립운동과 관련된 모든 행사는 전체대표자대회의 결정에 따를 것, 서재필을 외교고문으로 임명해 필라델피아에 외교통신부를 설치할 것, 원동에 대표를 파견해 대한민국 임시정부 수립에 참가하게 할 것, 미주와 하와이 각 지방에 특파원을 파견해 여론을 수렴해 행동 일치를 도모할 것 등의 내용이었다. 그리고 포고문을 발표했다.

3월 24일에는 대한인국민회 중앙총회의 명의로 신한청년당 대표로 파리강화회의에 파견된 김규식 등에게 3,500달러를 송금하고, 중앙총회 전체대표자대회는 도산의 중국 파견을 결의했다.

대한민국 임시정부의
체계를 세우다

독립운동의 방침

도산은 4월 1일 뉴욕을 출발해 그달 9일 하와이 호놀룰루, 홍콩을 경유해 5월 25일 상해에 도착했다. 도산은 상해로 들어가기 직전 홍콩에서 조성환曹成煥(1875~1948)에게 와줄 것을 부탁했으나 조성환 대신 현순玄楯(1880~1968)이 와 상해 사정을 자세히 들을 수 있었다. 이 무렵 임시정부는 수립되었다고 해도 각처에서 아직 사람들이 오지 않고, 운영할 재정자금도 없어 서로 눈치를 보는 어수선한 분위기였다.

도산은 5월 26일 상해 북경로 예배당에서 '독립운동의 방침'이란 주제의 연설을 통해 독립운동세력의 통일을 역설했다. 도산이 주장한 독립운동의 방침은 통일·외교·전쟁이었다. 그리고 통일방침으로 '삼두정치론'을 제시했다. 해외 한인사회에서 정식으로 투표한 의정원을 모아

7명의 총장 위에 러시아·중국·미주 등지의 집권자 3명을 택해 독립운동을 통할하자는 것이었다. '삼두三頭'란 세 사람의 영수를 뜻하는 것으로, 러시아 지역의 이동휘, 미국의 이승만, 그리고 상해에 있는 자신을 지목한 것이었다. 그것은 해외 독립운동세력이 너무 광범위한 지역에 퍼져 있었으므로, 한 사람의 지도체제보다 독립운동세력을 통일하는 데 유리할 것이라는 판단에서였다.

도산은 한 달 가량 정세를 지켜본 다음 6월 26일 내무총장에 취임하고 국무총리 직무대리를 겸했다. 도산은 내무총장 취임 석상에서 다시 삼두정치를 제안했다. 주목할 것은 도산이 임시정부 수립이 선포된 상태를 모르고 한 제안이 아니라는 점이다. 임시정부가 독립운동의 구심체가 되기 위해서는 해외 독립운동의 주요 세력인 미주와 연해주를 아울러야 한다는 뜻이었다. 이런 도산의 판단은 정확한 것이었다. 1919년 말 임시정부가 권력투쟁에 돌입하는 것도 이미 예고된 것이나 마찬가지였다.

임시정부 수립 최초의 내각은 국무총리 이승만, 내무총장 안창호, 외무총장 김규식, 군무총장 이동휘, 재무총장 최재형, 법무총장 이시영, 교통총장 문창범 등으로 구성되었다.

도산은 대한민국 임시정부 운영자금으로 대한인국민회가 모금한 2만 5,000달러를 가지고 왔다. 도산은 이 자금으로 정부 청사를 마련하고 차장들을 지휘해 임시정부의 기틀을 다져 나갔다. 이때 정부 청사는 하비로霞飛路 협평리協平里 1호에 위치했다. 종전까지는 최초의 장소를 정확하게 비정하지 못한 채 보광로 309호로 추정해 왔다. 그런데 도산의 심

대한민국 임시정부 청사(1919)

문조서와 일제 문서자료로 확인된 바에 의하면 협평리 1호가 맞는 것 같다. 등잔 밑이 어둡다고 여지껏 왜 그것을 놓쳤는지 모를 일이다.

임시정부 운영에서 가장 시급한 문제는 선출된 각료들을 상해에 오게 하는 일이었다. 그중에도 이승만과 이동휘가 현지에서 취임하는 것이 중요하다고 판단했다. 취임 요구를 받은 이승만은 도산에게 "국무총리를 대통령으로 바꿀 것", "애국금을 폐지하고 오직 공채만을 발행할 것"을 조건으로 내걸었다. 이에 도산은 국무총리를 대통령으로 바꾸는 것에 대해서는 반대하지 않겠지만, 애국금을 폐지하자는 것에는 거부의사를 분명히 보냈다. 애국금을 폐지하자는 것은 모든 독립운동자금을 임시정부의 일원하에 통제하겠다는 의도였다.

임시정부는 도산이 위임통치를 제안한 이승만을 비호한다는 반대 여론에 곤혹을 치러야 했다. 도산은 위임통치문제를 접어두고 이승만이 국무총리직을 수행할 수 있도록 도와야 한다고 호소했다. 최근의 연구 성과에 의하면, 위임통치청원을 처음 발의한 곳이 대한인국민회였다는 설이 제기된 바 있다. 그렇다면 도산도 위임통치청원에 관여된 것으로 볼 수밖에 없다. 여기서 이 문제를 상론하기 어렵지만, 위임통치청원의 문제를 이승만에게만 돌릴 수는 없을 것 같다. 도산이 심문조서에서 밝히듯이, 1차 세계대전 이후 급변하는 국제정세에서 한국 문제를 호소할 나라로 미국을 상정하고 있었다. 그러나 3·1운동이 일어나면서 위임통치청원은 더 이상 재고할 여지가 없어졌다. 확단키 어려우나 3·1운동을 전후해 도산의 정세 인식은 상당한 변화를 일으켰다고 보아야 할 것이다.

임시정부가 명실공히 정부 체제를 구축하기에는 실로 다방면의 노력이 따라야 했다. 정부조직만이 아니라, 임시정부를 대외적으로 선전하기 위한 기관지도 필요했다. 미국에서 『공립신보』를 간행한 바 있는 도산은 8월 임시정부 기관지 『독립신문』을 창간했다. 처음에는 『독립獨立』이란 이름으로 발행되다가, 10월 25일 제22호부터 『독립신문』으로 이름을 고쳐 주 3회 발행되었다. 독립신문사는 상해 프랑스 조계 패륵로 동익리 5호에 위치했으며, 창간 당시에는 도산의 지휘 아래 이광수·옥관빈·조동호 등이 참가했다. 그런데 신문을 인쇄할 국한문 활자판을 구하는 것이 문제였다. 국내에서 활자판을 가져올 수 없는 처지에서, 조동호趙東祜(1892~1954)가 한글 성경의 활자를 떼어 사진 동판으로 자모를 만들어 4호 활자를 주조한 뒤 크기를 확대·축소해 신문 인쇄에 필요한 활자를 완성할 수 있었다.

그 밖에도 도산은 임시정부 운영에 필요한 일들을 일일이 챙겨 나갔다. 그의 관심은 역사 편찬에 까지 미쳐 1919년 7월 임시사료편찬회를 구성했다. 도산이 직접 총재를 맡았던 것을 보면, 임시정부 수립의 역사를 편찬하는 데 주력했음을 살필 수 있다. 임시사료편찬회는 33명의 위원으로 구성되었으며, 9월 『한일관계사료집』을 발간할 수 있었다.

한성정부에서 파견된 이규갑李奎甲(1887~1970)이, "사실상 상해 임시정부는 도산의 출현을 계기로 출범했다고 해도 과언이 아니다. 도산이 미국에서 들어와 참가하기에 미처 정부조직이 성립됐다"라는 회고는 임시정부 수립에서 도산의 역할이 어떠한 것인가를 잘 말해주고 있다.

임시정부의 통합을 주도하다

1919년 9월 대한민국 임시정부의 통합은 한국 독립운동사에서 자랑스러운 역사로 자리매김되고 있다. 3·1운동 직후 국내외에서는 전단정부까지 포함해 7, 8개의 임시정부가 수립되고 있었다. 그 가운데 실체를 확인할 수 있는 것은 상해의 대한민국 임시정부, 연해주의 대한국민의회, 서울의 한성정부였다. 그런데 한성정부는 국내에서 국민대회를 거쳐 수립되었다는 점에서 정통성을 지니는 것이었지만, 실체로 존재한 것은 아니었다. 최근의 연구 성과에 의하면, 국민대회를 거친 것이라 보기 어렵다는 설도 제기되고 있다. 그렇다고 할 때 임시정부의 실체를 갖춘 것은 상해의 대한민국 임시정부와 연해주의 대한국민의회였다. 하나의 민족에 두 정부가 존립한다는 것은 독립운동의 명분에도 맞지 않는 것이었다. 그래서 도산은 1919년 6월 정식으로 내무총장에 취임하기 전부터 두 정부의 통합을 추진해 갔다.

대한국민의회는 연해주 한인의 오랜 역사를 바탕으로 수립된 전통과 특징을 지니고 있었다. 연해주 한인사회의 규모는 1919년 당시 10여 만 명에 달했다. 한인단체의 역사도 장기간에 걸쳐 발전되어 왔다. 1905년 한족회韓族會를 비롯해 1910년 13도의군과 성명회, 1911년 권업회, 1913년 전후 국민회 시베리아지방회, 대한광복군정부, 1917년 전로한 족회중앙총회 등이 연해주 한인사회와 민족운동의 명맥을 지켜 나가고 있었다. 이러한 연해주 한인사회를 바탕으로 생겨난 것이 대한국민의회였다.

대한국민의회는 의장 문창범, 부의장 김철훈金喆勳, 서기 오창환吳昌煥 등 70, 80명을 의원으로 선출한 뒤 독립전쟁을 선포했다. 대한국민의회는 상해 임시정부와 달리 의회와 행정부를 합친 조직의 성격을 띠고 있었다. 이것은 러시아의 소비에트식 체제를 따른 것이다.

도산은 대한국민의회에서 파견한 원세훈元世勳(1887~1959)과 임시정부 통합을 위한 협상을 벌여 나갔다. 원세훈은 함경북도 정평 출신으로 대동법률전문학교와 북경대학 러시아학과를 졸업한 젊은 인사였다. 원세훈은 대동법률전문학교에 다닐 무렵인 1907~1908년 도산과 이동휘

등을 비롯한 선배들과 교유한 바 있었다. 이때 그는 도산의 연설을 들으면서 적지 않은 영향을 받았다. 도산은 원세훈과의 논의를 거쳐 6월 7일 임시의정원 회의에 임시정부 통합안을 상정하고, 7월 14일 임시의정원에서 통합안이 가결되기에 이르렀다. 통합안의 핵심 내용은 임시정부를 상해에 두기로 하고, 의회의 위치는 상해 또는 연해주에 둘 수 있다는 것이었다. 도산은 8월 28일 임시정부 개조안과 헌법 개조안을 임시의정원에 제출하면서 법적 절차도 마무리 지었다.

대한국민의회는 1919년 8월 30일 블라디보스토크 신한촌에서 총회를 열고 해산을 선언했다. 그런데 정부 통합 협상에서 이승만이 걸림돌이 됐다. 이승만은 상해 임시정부의 국무총리였으나, 스스로 대통령으로 자처하고 있었다. 이것이 문제가 되자 자신은 임시정부보다는 한성정부의 '집정관 총재'라는 사실을 더 강하게 내세웠다.

도산은 8월 28일 이승만이 임시정부의 국무총리인 동시에 한성정부의 집정관 총재를 겸해 마치 두 개의 정부가 있는 것처럼 오해하게 한다면서, 상해 임시정부를 희생하고 한성정부를 승인함이 온당하다는 주장을 내세웠다. 그 핵심은 이승만에게 대통령 직함을 합법적으로 붙여주기 위해 한성정부를 정통 정부로 인정하고, 국무원도 한성정부의 구성을 따르되, 다만 국무총리제를 대통령제로 개정하자는 것이었다. 그리고 도산이 보낸 대표들의 노력으로 대한국민의회는 통합을 향한 발걸음을 선뜻 내디뎠다. 그리고 한성정부 각원이 취임하여 새로 국회를 소집할 때까지 그 회의는 남은 업무만 처리하기로 결의했다.

도산은 이동휘와 의논해 9월 6일 드디어 통합헌법을 공포하기에 이르렀다. 국내에서 조직한 대조선공화국(한성정부)이 국민적 기반 위에 수립된 정부이므로 그를 계승한 내각을 구성하고 의정원은 상해와 노령의 것을 통합하기로 했다. 국내 한성정부의 조각을 그대로 계승함으로써 국내 동포가 통합정부에 참여한 결과를 만들어 냈다. 그리하여 국내와 미주·중국·노령 각처의 해외동포가 모두 참여한 통합정부를 수립하게 되었는데, 이것은 통합을 추진한 도산의 넓은 안목이 가져온 결실이라고 평가해도 좋을 것이다.

임시의정원은 9월 7일 정부 개조안을 승인했다. 국무총리제를 대통령제로 바꾸어 이승만이 쓰고 있던 대통령 직함을 추인하고, 정부조직을 6부에서 7부 1국으로 바꾸며, 각원들을 한성정부가 선정한 구성과 같도록 새로 선출하자는 내용이 그 핵심이었다. 그 결과 9월 11일 1차 개헌인 '대한민국임시헌법'이 공포됐다.

당시 통합 임시정부의 각료는 대통령 이승만, 국무총리 이동휘, 내무총장 이동녕, 외무총장 박용만, 군무총장 노백린, 재무총장 이시영, 법무총장 신규식, 학무총장 김규식, 교통총장 문창범, 노동국 총판 안창호 등으로 구성되었다.

도산이 노동국 총판을 맡은 것은 한성정부에서 맡았던 직책을 계승한 것이나, 지위로 볼 때 각료급이 아닌 국장급이었다. 때문에 임시의정원에서는 노동국을 노농부로 격상하고 총판이 아닌 총장으로 직함을 변경할 것을 권고했으나, 도산은 결단코 반대했다. 임시정부의 통합을 주도한 도산이었지만, 지위나 명예에 연연하지 않는 진면목을 보여주는 대목이다.

大韓民國二年元月元旦
大韓民國臨時政府新年祝賀會紀念攝影

통합 임시정부로 처음 맞은 신년 축하식 기념사진

　　대한국민의회는 임시정부의 수반으로서 집정관 총재 대신 대통령이
라는 명칭을 사용한 것과 의정원을 그대로 상해에 둔 것을 두고 반발하
고 나섰다. 이 문제로 교통부 총장 문창범文昌範(1870~1934)이 취임을 거
부하기까지 했다. 그렇지만 이동휘가 임시정부 참가를 결정하면서 통합
정부의 틀을 유지해 갈 수 있었다. 항주에서 신규식申圭植(1880~1922), 북
경에서 이동녕, 이시영 등 3명의 총장이 취임하면서 11월 3일 합동 취임
식을 거행했다.

연통제 시행

1919년 7월 8일 국무총리 서리 겸 내무총장의 자격으로 도산이 발표한 시정방침은 ① 임시정부 유지 방법, ② 국내에 대한 방법, ③ 재외동포 사회에 대한 방법, ④ 군사적 노력 방법, ⑤ 외교 방법 등이었다. 이 시정 방침은 국민적 기반을 크게 국내와 국외로 나누고, 독립운동 방법을 군사와 외교의 틀에서 규정하고 있었다.

국내에 대한 시정방침은 7월 10일 국무원령 1호로 선포한 연통제聯通 制였다. 임시정부 내무부의 국내조직으로 연통부를 세운 것이었다. 9월 에 통합 정부가 성립하면서 노동국 총판으로 자리를 옮겼지만, 연통제 는 도산의 주도로 세워져 갔다. 연통제란 전국의 도·군·면에 임시정부 국내조직으로 연통부를 설치하는 것이었다. 이런 연통제는 신민회 시절 도산이 경험한 조직체계를 응용한 것이었다.

도산의 목표대로 전국 각처로 조직을 발전시킬 수는 없었지만, 북부 지방에 연통부가 설치되면서 임시정부와 국내를 잇는 주요 역할을 담당 해 갔다. 비록 식민지 통치 아래 놓였던 국내의 국민적 기반을 획득한다 는 점에서 중요한 의미를 지니는 것이었다. 이 무렵 국내에서 생겨난 비 밀단체들 역시 임시정부의 연통부 역할을 수행하면서 임시정부를 지원 하는 독립운동 기반이 강화되어 갔다.

그러나 1919년 말부터 연통부와 비밀단체들의 조직이 탄로나면서 수 난을 겪어야 했다. 그해 12월 함북독판부가 발각된 데 이어 연통제 역할 을 대행하던 대한독립애국단·대한국민회·조선민족대동단·대한민국청년외교단 등의 국내 비밀단체들이 대거 발각되면서 커다란 타격을 입기에 이르렀다.

그런데 연통제 설치와 관련해 다음 사실을 주목할 필요가 있다. 첫째는 국내에 임시정부의 조직을 만드는 것을 도산이 직접 구상하고 챙겼다는 점이다. 통합 임시정부가 수립된 후 노동국 총판을 맡았지만, 연통제는 도산의 지휘 아래 시행되었다. 이런 연통제가 비록 오래가지는 못했더라도 시도 자체가 대담하고 일제의 의표를 찌르는 전략이었다. 국내에 임시정부 조직을 세우는 문제는 도산이 아니면 누구도 생각하기 어려운 발상이었다. 도산은 신민회 시절 대성학교와 청년학우회를 설립해 청년 독립군을 양성한 바 있었다. 거기에 대성학교 교사들과 신민회 동지들이 있었으니, 조직 기반도 어느 정도 마련된 것으로 봐야 할 것이다.

다음에 연통제는 선포 전부터 준비한 정황이 찾아진다는 점이다. 일반적으로 연통제는 7월 10일 선포하면서 활동을 개시한 것으로 이해하는 경향이 있다. 그러나 이는 도산을 모르고 하는 생각들이다. 도산은 무슨 일이든지 사전 준비가 철저한 사람이었다. 이와 관련해 도산의 최측근인 차리석의 동향이 주목된다. 도산은 미국에 있는 동안에도 국내의 차리석과는 긴밀하게 연락을 통하고 있었다. 1910년 도산이 해외로 망명한 뒤 동암은 도산의 뜻에 따라 대성학교를 지켰다. 신민회에 연루되어 4년여 간의 옥고를 치르고 나와 비밀단체 기성볼단箕星BALL團의 고문을 맡으며 독립운동을 재개해 갔다. 평양의 숭실학교와 대성학교 출신들이 주도한 기성볼단은 1차 세계대전의 와중에서 독립운동의 방도를 모색하던 청년들의 독립운동단체였다. 동암은 숭실학교 1회 졸업생으

동암 차리석

로 숭실학교와 대성학교 출신 청년들로
부터 존경받는 지도자였다. 차리석은
3·1운동이 일어나자 곧 중국으로 망명
했다. 그런데 임시정부가 세워진 상해
로 향하지 않고 만주 안동에서 5개월여
동안 머물렀다.

1920년 동암의 자필 이력서에 의하
면, 이때 안동청년단에서 활동한 것으
로 기록되어 있다. 그런데 안동청년단
이란 단체는 실재하지 않았다. 아마도
안동 지역에서 청년단을 조직하고 지
도한 것을 두고 그렇게 표현한 것으로
보인다. 동암은 도산이 임시정부 수립에 분주할 때 왜 만주 안동에서 청
년단 활동을 펼쳤던 것일까. 또 그런 활동은 도산과 무관한 것이었을까.
도산의 분신과도 같은 동암이 안동에 머물며 청년단 활동을 했던 것은
아무래도 도산과 무관해 보이지 않는다. 그렇다면 동암의 안동에서의
활동은 도산이 구상하던 연통제와 관련이 깊은 것이 아닌가 한다.

즉 도산이 연통제를 선포하기 이전, 동암이 안동에 머물면서 청년들
을 중심으로 연통제의 조직 기반을 구축해 갔던 것으로 여겨진다. 연통
제 선포와 함께 서북 지역에서 신속히 연통부가 설치될 수 있었던 사실
은 그런 정황을 뒷받침하고 있다. 또 연통부에 참가한 인사들 가운데 평
양의 숭실학교와 대성학교 출신들이 많았던 점도 그와 관련해 주목할

필요가 있다. 연통제가 신민회의 조직 방법인 점 조직 형태를 취했던 것을 고려할 때, 동암은 신민회 시절 도산의 곁을 지키며 도왔던 측근이다. 그렇게 볼 때 연통제는 알려진 것과 달리, 동암을 비롯한 청년 인사들이 안동을 중심으로 사전 준비를 진행시킨 다음 7월 10일 연통제를 선포한 것으로 이해해야 하지 않을까 생각된다. 이를 증명할 구체적 자료가 없다고 하더라도, 만반의 준비를 거쳐 실행하는 도산의 성격, 도산과 동암의 동지적 관계 등으로 미루어 볼 때 무리한 추측이 아니라 생각한다. 그런 점에서 도산이 전개한 독립운동의 진실을 밝히기에는 아직도 많은 과제가 남겨져 있다고 하겠다.

교통국과 지방선전부

도산은 연통부를 세우는 한편, 국내와의 연락 및 교통을 담당하는 임시정부 조직으로 교통국의 설치를 주도했다. 교통국이 가장 먼저 설치된 곳은 만주의 안동安東(단동)이다. 신의주 건너편에 위치한 안동은 중국과 국내를 연결하는 길목에 해당하는 곳이었다. 그리고 압록강을 따라 서간도 지역의 한인사회와 연락, 통신할 수 있는 요충지로서 일찍이 한인들이 독립운동의 근거지로 삼았던 곳이다. 아일랜드 출신의 영국인 조지 루이스 쇼George L. Show(1880~1943)가 경영하는 무역 및 해운업 회사인 이륭양행 안에 그 지부인 안동교통사무국을 설치한 것이다. 쇼가 경영하는 이륭양행의 선박 계림환鷄林丸은 상해로 연결하는 통신 연락 및 폭탄, 총기를 운반하는 통로였다. 도산은 쇼를 직접 만나 한국 독립운동을

조지 루이스 쇼

도와줄 것을 부탁했고 쇼는 흔쾌히 승낙하고 독립운동의 동지가 되었다. 영국의 식민지 아일랜드 출신의 아버지와 일본계 어머니 사이에서 태어난 쇼는 반제국주의적 민족의식이 강했으며, 자기 조국과 같이 식민지 통치를 받고 있는 한국인의 독립운동에 적극적 후원을 아끼지 않았다. 그러나 안동교통사무국의 활동도 오래가지는 못했다. 1920년 7월 일경의 습격을 받아 교통사무국 조직이 파괴당했고, 쇼도 신의주행 열차에서 붙잡혀 소위 '내란죄'로 옥고를 치러야 했다. 11월 19일 보석으로 풀려난 쇼가 1912년 1월 상해를 방문했을 때 임시정부를 비롯한 한인들은 대대적으로 환영했다.

도산은 국내의 연통부 조직이 파괴되는 상황에서 새로운 돌파구를 모색했다. 그 대안으로 마련된 것이 지방선전부였다. 임시정부는 1920년 1월 19일 국무회의에서 도산을 선전위원장으로 선임하여 선전기관 조직에 관한 일체의 사무를 위임했다. 도산은 1920년 초부터 선전기관의 조직에 착수했으며, 명칭은 지방선전부로 결정됐다. 3월 10일 국무원령 3호로 지방선전부규정·선전대설치규정·선전대복무규정 등이 공포되면서 지방선전부를 정식 발족했다. 국무총리 직속기관으로 설치한 지방선전부는 총판을 최고 책임자로 하여, 부총판·이사·선전원으로 구성하고,

실무 부서로 서무과와 선전과를 두었다. 총판은 도산이 맡았으며 부총판은 김철에 이어 이유필이 맡고, 김병조와 차리석이 이사를 맡았다. 국내에는 선전대를 설치했는데, 주요 임무는 임시정부의 선전과 독립의식 고취, 국내 독립운동의 상황 파악, 국민의 민심 상태, 식민지 통치의 실상 등을 조사, 보고하는 것이었다. 선전대의 임무와 활동은 종래의 연통부와 크게 다름없었다.

독립전쟁을 선포하다

3·1운동과 함께 만주에서는 우후죽순처럼 수십여 개의 독립군 단체가 생겨나고 있었다. 서간도를 무대로 활동한 독립군 단체만 해도 1919년 3월 안동현의 대한독립청년단, 1919년 4월 유하현 삼원보의 대한독립단, 1919년 11월 유하현의 서로군정서, 1919년 11월 관전현의 대한청년단연합회, 1919년 장백현 팔도구의 대한독립군비단, 1920년 봄 무순현의 광정단, 1920년 회덕현의 의성단, 1920년 5월 통화현 합니하의 신흥무관학교, 관전현의 대한광복군총영 등이 있었다.

  1920년을 맞이해 통합 대한민국 임시정부는 드디어 독립전쟁을 선포했다. 도산은 1920년 1월 3일과 5일 상해 교민단에서 개최한 신년 축하식에서 '우리 민족이 단정코 실행할 6대사'를 발표했다. 그 가운데 첫째가 독립전쟁의 선포였다. 도산은 '혈전독립전쟁 단행의 결심'을 강조하고, "의를 위해 죽기로 결심한 용기 있는 대한 남자는 규율 있게 질서 있게 대대적으로 일어나 분투할 것"을 촉구했다. 이와 함께 국민개병주의에 의한 군사훈련을 주창하고, 국민개납주의와 국민개업주의를 역설했다. 전 민족이 일어나 독립전쟁을 전개하자는 것이었다.

독립전쟁 선포는 말로 그치는 것이 아니었다. 도산은 서간도 일대의 독립군 단체를 통합해 임시정부의 군대로 재편할 의지를 강하게 드러냈다. 먼저 임시정부 직할 조직으로 설립한 의용단義勇團을 직접 통솔했다. 임시의정원 의장 손정도, 경무국장 김구 등이 발기인으로 참가한 의용단에 이름을 내걸지 않았지만, 당초 명칭인 '청년단'을 의용단으로 개칭하는 한편 의용단의 조직체계를 정비하는 등 실질적으로 의용단을 이끌었다. 의용단의 행동대장은 열혈청년 김석황金錫璜(1894~1950)이었다. 그는 1920년 4월 중순 평양으로 들어가 임시정부 평양교통국 책임자 김창빈 등과 만나, 국내 조직으로 평양과 서울, 평안도와 황해도 일대에 지단을 설치했다. 1920년 7월 김석황이 도산에게 보고한 바에 의하면, "의용단이 대확장되어 단원 수가 평양에 500명, 서울에 100여 명, 황해도 각지 등을 합해 1,000여 명에 달하고, 정부의 명령만 있으면 즉시 일어나 폭동하게 되어 있다"는 것이었다. 물론 1,000여 명이 과장된 것인지 몰라도, 국내 각처에서 의용단의 활동이 눈부신 것은 사실이었다.

평안도와 황해도 일대에서 무장한 의용단원이 군자금을 모집하고, 평안남도청과 평양부청, 평양경찰서 등에 폭탄을 투척하는 과감한 의열투쟁을 전개했다. 그러나 김석황 등이 1920년 9월 일경에 붙잡히면서 의용단은 타격을 입고 말았다. 독립군이 국내로 진입해 활동하는 것은 독립운동의 최전선에서 일제와 맞서는 험난한 길이었다. 때문에 그 활동이 지속되기 어려울 수밖에 없었다. 그럼에도 끈질기게 국내에 조직 기반을 마련하고, 무너지면 또 세우는 그 과정은 독립운동의 지속성을 보여주는 것이었다.

도산의 독립전쟁론은 대한독립청년단의 부설 의용대를 1920년 3월 대한광복단(혹은 대한광복군)으로 개편한 것에서도 나타났다. 대한독립청년단은 서북 출신의 청년들이 조직한 것으로 국내외 독립운동을 연결하면서 안동의 임시교통사무국 역할을 대신했다. 그런 조직을 군사적으로 강화한 것이 대한광복단이다. 이 과정을 주도한 인물은 도산 계열의 이탁李鐸(1889~1930)이었다. 대성학교 출신의 이탁은 서간도 신흥무관학교를 졸업하고 대한청년단연합회에서 활동하다가 대한광복단 단장을 맡았다. 도산은 대한광복단을 "어느 한 개 단체의 부속이 아닌, 임시정부에 속하는 국가적 군인"임을 강조했고, 이탁은 서간도 지역의 독립군 단체 통합에 앞장서 나갔다. 그리하여 1920년 6월 대한독립단과 대한청년단연합회 등을 발전적으로 통합한 대한광복군총영을 결성할 수 있었다. 대한민국 임시정부가 1920년 8월 1일 군무부 직할로 대한광복군사령부를 설치한 것은 이런 노력의 결실이었다. 대한광복군사령부는 본부를 관전현에 두었으며, 8월 10일 사령장은 대한독립단 단장 조맹선, 참모장은 이탁이 맡고, 그 밑에 8개 국局과 6개 영營을 설치했다. 그런데 조맹선이 서간도를 떠나 중·러 국경지대에서 머물고 있는 관계로 이탁이 사령장 대리를 겸해 대한광복군사령부를 이끌었다.

독립전쟁을 선포한 도산의 의지는 이렇듯 서간도 지역 독립군 단체들의 통합을 통해 구체화되고 있었다. 이런 과정에서 도산 계열의 인물들이 주역을 맡았고, 독립군 운영에 필요한 재정적 지원도 통합에 중요한

김구, 도산, 이탁(왼쪽부터)

요인으로 작용했다. 독립운동은 참가자의 정신과 의지가 선행되어야 하지만, 재정적 뒷받침이 없이는 지속적으로 전개될 수 없었다. 그것을 누구보다 잘 아는 이가 도산이었고, 누구보다 독립운동의 재정적 기반을 마련하는 데 힘을 쏟은 인물도 도산이었다. 상해에서 대한민국 임시정부를 수립할 때, 도산이 미국에서 가져온 2만 5,000달러가 아니었다면 임시정부는 제대로 운영될 수 없었을 것이다. 이 무렵 『도산일기』를 보면, 수많은 사람들이 도산을 찾아오는 것이 확인된다. 거기에는 독립군 단체 인사들의 방문도 잇따르고, 심지어 사회주의 계열의 청년까지 찾아와 용돈을 받아가곤 했다. 도산이 연통부·교통국·임시선전부 등 국내

조직에 그토록 힘을 쏟은 것도 사실 군자금 모집과 관련이 깊었다.

도산은 결사대에 의한 의열투쟁도 적극 지원하고 나섰다. 광복단결사대의 한훈韓焄(1892~1950)이 1920년 3월 사이토 총독 처단 계획을 세울 때에도 배후에서 조정한 이가 도산이었다. 무력으로 일제를 이기기 어려운 현실에서, 청년비밀단에 의한 유격전법을 하나의 전략으로 구상하고 있었다. 그 목적은 일제 기관을 파괴해 식민통치의 체계를 무너트릴 것, 국내 동포의 민족적 각성을 통해 독립운동 분위기를 고조시킬 것, 국제사회에 한국 독립운동의 실상을 널리 알릴 것 등이었다.

이 무렵 도산이 독립전쟁을 선포한 것에는 1차 세계대전과 같은 국제전쟁이 다시 일어나면, 일제와 상대로 맞서 싸워 승전국의 지위를 획득하자는 원대한 포부가 담겨 있었다.

미국 의원단 방한과 의열투쟁

1920년 8월 미국 국회의원이 한국을 방문한다는 소식이 알려졌다. 50여 명의 미국 국회의원으로 구성된 동양관광단은 태평양 연안의 필리핀·중국·일본 등지를 관광하기로 되어 있었고, 중국에서 한국을 거쳐 일본으로 가는 일정이 잡혀 있었다. 이들의 동양관광은 관광 자체가 목적이 아니었다. 미국의 위세를 동양에 과시하는 한편 태평양을 맞대고 새로운 경쟁자로 떠오른 러시아를 견제하기 위한 의도가 담겨져 있었다. 당시 미 의원단은 한국에 8월 23일에서 25일까지 사흘간 머물 예정이었다. 도산은 미 의원단과의 만남이 한국 독립운동의 입장을 전달할 수 있는 더할 수 없는 기회라 판단했다. 국제사회에 대한 외교는 절대 소홀히 다룰 문제가 아니었다. 일제 침략에 맞서 싸우는 한국인의 독립에 대한 의지를 알릴 필요가 있었기 때문이다. 임시정부가 파리강화회의에 대표를 파견한 것도 그 때문이었다. 혹자들은 독립운동의 방략으로서 외교론을 비판하지만, 전적으로 외교론에 의존해 한국 독립을 해결하려는 자체가 문제이지 외교론이 무용하거나 나약한 것만은 절대 아니었다. 도산이 추진한 미 의원단과의 만남은 한국 독립을 애걸하기 위한 것이 아니었다.

미 의원단은 필리핀 마닐라와 홍콩을 거쳐 상해로 올 예정이었다. 도산은 황진남을 대동하고 필리핀으로 가려고 했지만, 상해 주재 미영사관으로부터 여행권을 발급받지 못해 다음 일정인 홍콩으로 방향을 바꾸었다. 그러나 미 의원단이 홍콩을 거치지 않고 상해로 곧바로 왔기 때문에 홍콩에서의 만남은 이루어질 수 없었다. 도산은 다시 북경으로 향했고, 그곳에서 8월 19일 미 의원단과 만날 수 있었다. 이때 중국대사를 지낸 라인쉬Paul S. Reinsch는 한국이 당장의 독립보다 먼저 자치운동을 벌여야 할 것이라 주장했다. 도산은 자치의 부당성과 미국의 위임통치에 강력하게 항의했지만, 해결점을 찾지 못한 채 서로의 입장을 확인하는 정도였다. 그런데 주목할 것은, 도산이 이 자리에서 향후 중국 및 러시아와 연대 내지 동맹을 맺고 독립운동을 전개할 계획을 전달한 것이다. 이 무렵 러시아의 레닌은 극동 지역의 혁명에 지대한 관심을 드러내고 있었다. 당장 공산혁명이 불가능한 여건에서, 중국의 혁명적 민족운동세력과 연대를 이뤄 일본 제국주의 침략을 물리치는 이른바 통일전선을 구상하고 있었던 것이다. 그리하여 중국의 국공합작이 추진되었는데, 도산의 구상은 한국 문제도 그 같은 통일전선의 방식으로 풀어나가야 한다는 것이었다. 이 과정에서 중국의 손문이 '용공容共'을 표방하듯이, 도산 역시 그것이 독립을 위한 길이라면 용공을 배제할 이유가 없었다. 후일 도산이 끊임없이 추진한 민족운동세력의 통합운동은 그런 바탕에서 형성되었다.

특기할 것은 도산이 미 의원단 방한과 때를 맞추어 광복군총영, 대한광복군결사대 등을 통해 강렬한 의열투쟁을 지휘했다는 사실이다. 광복군총영 본부는 서울·평양·신의주 세 곳에서 폭탄의거를 추진했다. 거사에 사용할 폭탄은 상해에서 구국모험단이 제조한 12개를 임득산이 이륭양행까지 운반한 뒤 국내의 의용단 각 지단으로 보내졌다. 또한 결사대원 13명을 선발하여, 이들을 3개 조로 나누어 국내로 비밀리에 파견했다. 결사대원은 1920년 7월 12일 관전현 안자구의 본영을 출발해 국내로 잠입했고, 도중 친일 주구로 악명 높은 평북 자성군수와 황해도 장연군수를 처단하는 의거를 결행하기도 했다. 이들이 서울에서 계획한 의열투쟁은 8월 23일과 24일에 걸쳐 종로경찰서와 이완용의 집, 서울역에 폭탄을 투척하는 것이었다. 그러나 거사 직전 계획이 탄로나 8월 21일 일경에 붙잡히면서 좌절되고 말았다. 거사가 비록 불발되었지만 도산이 독립운동 방략으로 의열투쟁을 마다하지 않았음을 보여주고 있다.

도산은 의열투쟁과 같은 과격한 방법을 피하거나 반대한 것으로 알려져 왔다. 그래서 온건론파로 불리기도 했다. 그러나 도산이 비판하거나 반대한 의열투쟁은 통일된 조직에 의한 군사적 작전이 아니라, 의기에

노백린과 비행학교 훈련생

찬 소수의 인물들이 산발적으로 거행하는 경우를 지적한 것이었다. 투쟁의 수단으로서 의열투쟁이 무분별하게 일어난다면, 독립운동 조직에 악영향을 미칠 것이라는 판단에서였다.

　　도산의 독립전쟁론은 비행대를 설립하는 수준에서도 추진되었다. 1919년 11월 대한민국 임시정부가 제정한 법률 제2호에는 '해군비행대'에 관한 규정이 제시되어 있었다. 도산은 전투용 비행기가 아니라도 임시정부 활동을 선전하고 독립운동 분위기를 진작시키는 차원에서 실제 비행기 구입의 계획을 세웠다. 비행기 구입을 위해 미국인 비행대장과도 만나고, 중국 국민당 정부의 광동비행기학교에 한국 학생을 파견할 계획을 마련했다. 그리고 미국 캘리포니아주에 비행사양성소 설치에도 힘을 기울였다. 비행사양성소 설치에는 임시정부 군무총장 노백린盧伯麟 (1875~1926)과 캘리포니아 '쌀의 왕' 김종림金鍾林이 적극 나섰다. 캘리포니아 북부 글렌 카운티 윌로우스에서 농장을 경영하던 김종림은 자신의 농장 부지에 1920년 2월 한인 비행사양성소를 설치했다. 이들은 훈련용 비행기 2대를 구입하고, 미국인 기술자 1명, 비행사 6명으로 교관단을 구성하고 19명 한인 생도들에 대한 교육을 시작했다. 미주 한인들의 지원을 받으며 양성소는 무선통신 장비를 갖춘 비행기 5대를 확보하는 등 활기를 띠어 나갔다. 생도도 늘어나 1922년 6월에는 41명으로 확대되었으며, 1923년에는 11명의 졸업생을 배출할 수 있었다. 그러나 예상하던 독립전쟁이 일어나지 않자, 동포들의 관심이 식으면서 재정적 어려움을 겪다가 문을 닫고 말았다.

국민대표회의를 주창하다

분란에 휩싸이는 임시정부

1919년 가을 통합 정부가 수립된 후에도 임시정부 대통령 이승만은 상해에 오지 않았다. 임시정부 내부에서는 이승만이 대통령 명함을 가지고 미주에서 외교활동 및 정부공채 발행에만 몰두한다는 불만이 쏟아졌다. 국무총리 이동휘가 대통령 불신임운동을 벌이면서 대한민국 임시정부는 혼란에 휩싸였다. 반이승만 계열의 박용만 역시 외무총장에 취임하지 않고 북경에서 임시정부를 비판하고 나섰다. 12월 12일 임시정부 국무회의는 대통령이 조속히 상해에 취임할 것을 공식적으로 요구했다. 그러나 이승만은 여전히 미주에서의 활동을 고집했다. 임시정부의 젊은 인사들은 임시의정원의 승인도 없이 대통령령을 남발한다면서 이승만의 처사를 강력히 항의했다. 급기야 차장회의에서 대통령 불신임안을 제출하기에 이르렀다. 여기에 독립운동계를 분열시키려는 일제의 첩보 공작이 가세하면서 임시정부는 좌초 위기에 직면했다.

이런 상황에서 도산은 어려울수록 대통령을 중심으로 단결할 것을 주장하는 한편 개인의 비난이 정부의 비난으로 비화되어서는 안 된다는 것을 호소했다. 그가 대통령 불신임안을 반대한 것은 임시정부 존립에 악영향이 미칠 것을 우려한 때문이었다. 우여곡절 끝에 이승만이 상해에 도착한 것은 1920년 12월 5일이었다. 그런데 12월 28일 대한교민단 주최로 열린 환영회 자리에서 이승만은 "대통령 자격으로 온 것이 아니라 미주 대표 자격으로 상해에 왔다"고 했다. 이런 발언은 미주 대표로 상해에 잠시 들른 것이지, 상해에서 대통령으로 활동할 의사가 없음을 분명하게 내비친 것이었다. 이승만의 발언은 가뜩이나 불만이 쌓인 반대 세력에게 이승만을 성토하는 빌미가 되기에 충분했다. 게다가 이승만은 임시정부 명의로 독립공채를 발행했음에도 기대와 달리 빈손으로 왔다. 재정적 상황이 어려울 때 대통령으로서 자금이라도 갖고 올 것을 기대한 사람들의 실망이 클 수밖에 없었다. 2만 5,000달러를 가져왔던 도산과는 너무 대비되는 모습이었다.

1920년 말 이동휘는 대통령의 권한을 축소하기 위해, 임시정부 내각을 국무위원제로 변경할 것과 행정 처리를 국무위원의 공결로 하자는 의안을 제출했다. 그러나 이승만을 지지하는 세력들의 반대로 부결되고 말았다. 그러자 이동휘는 1921년 1월 24일 국무총리직을 사퇴하고 임시정부를 떠났다. 그런 가운데 이승만은 무장투쟁을 반대한다는 입장을 거듭 내세우다가 1921년 5월 29일 하와이로 돌아갔다. 수뇌부의 엇

임시정부 대통령 이승만의 환영식

갈린 정책과 노선은 임시정부를 무정부 상태로 몰고 갔다. 도산 역시 현
상태의 임시정부로는 독립운동의 중추적 역할을 수행하기 어렵다고 판
단해 1921년 5월 12일 임시정부 노동국 총판직을 사임했다. 주위에서
는 도산이 총리로 취임해 정국을 수습해 주기를 원했지만, 도산은 단호
히 거절했다.

아동포에게 고함

대한민국 임시정부가 유지되기 위해서는 현재 임시정부의 형태가 아닌 새로운 방법을 모색해야 한다는 것이 도산의 판단이었다. 도산은 민족 통합을 이루기 위해 일단 각계의 인사들로 구성된 협의체를 세울 계획 이었다. 1921년 2월 13명의 연서로 발표한 '아동포에게 고함'은 국민대 표회 소집을 정식으로 공론화시키는 신호탄이 되었다.

임시정부에서 물러난 도산은 1921년 5월에 행한 시국강연회에서 '독 립운동의 진행책과 시국문제의 해결방침'이란 주제로 다음과 같이 주장 했다. '우리의 독립운동을 계속할 것인가, 정지할 것인가', '과거의 독립 운동은 어떠한 독립운동', '금후의 독립운동은 어떠한 독립운동' 등을 설 파했다. 우리의 목숨이 붙어 있는 한 독립운동은 당연히 해야 하며, 이 념이나 방략으로 편을 가르지 말고 민족세력이 대동단결을 이뤄 독립운 동을 전개해야 한다는 것을 역설했다.

그리고 독립운동의 방법으로 군사운동·외교운동·재정운동·문화운 동·식산운동·통일운동 등 여섯 가지 방면이 있는데, 이를 종합해야만 비로소 진실한 독립운동이 될 수 있다고 했다. 군사운동에서는 3만 명 내지 5만 명을 모집하면 이를 바탕으로 수백만 명의 독립군을 모집할 수 있을 것이라고 했다. 또한 군사를 훈련시킬 사관의 양성을 강조했으며, 독립운동의 성패를 가르는 기준은 민족세력의 통일에 달려 있다고 했 다. 이를 위해서는 중앙기관으로 뜻을 모아 공론을 세운 다음 그것에 따 르는 일이 필요하다고 역설했다. 혁명은 결코 한두 명의 개인에 의해 이뤄질 수 없으며, 중앙의 대표기관으로 힘을 모아 각자 맡은 역할을 수행할 때 달성할 수 있다고 했다. 그런데 임시정부가 독립운동의 총지휘부 역할을 상실하고, 각 세력들이 자신들만의 입장을 강조한 나머지 서로 비난을 일삼는 행위는 잘못된 것이라 지적했다. 그리고 독립전쟁을 준비하기 위해서는 무엇보다 군사훈련과 전쟁자금을 모아야 함을 강력하게 주장했다. 준비 없이 전쟁에 나가는 것은 독립전쟁을 모르고 하는 생각이며, 준비 없이 전쟁을 치르려 한다면 전쟁에 나가기도 전에 기아로 먼저 죽을 것이라 경고했다. 도산은 군인 1인당 하루 20전이 소요된다고 할 때 군인 1만 명을 키우려면 1개월에 6만 원이 필요하다는 것도 주장했다.

이 날의 시국강연회는 당시 도산의 독립운동관이 어떠한 것인지를 잘 보여주고 있다. 독립운동의 문제를 정확히 직시하고, 난관을 어떻게 헤쳐 나가야 할지를 정확하게 진단하고 있음을 살필 수 있다. 그야말로 도산은 독립운동을 종합적으로 아우르면서 실질적 해결 방법을 제시하는 탁월한 지도자였다.

창조파와 개조파

1921년 중반 임시정부를 둘러싼 찬반 논쟁은 독립운동계를 뜨겁게 달구었다. 도산은 여운형 등과 임시정부의 개조를 주장하고 나섰다. 임시정부를 폐기하고 독립운동의 대표 기관을 새롭게 세우자는 창조파와 달리, 도산은 임시정부를 유지한 가운데 다양한 독립운동세력이 임시정부를 중심으로 모여 민족통합을 이루자고 주장했다. 도산은 5월 19일 '국민대표회기성회촉성회'를 조직하고 20여 명의 조직위원을 선출한 다음 국내외 각처로 이 사실을 통지했다. 북경에서는 이를 한 단계 발전시켜 '국민대표회주비위원회'를 발족시켜 나갔다. 그런데 1921년 가을 미국의 워싱턴회의와 러시아의 극동인민대표대회 개최가 임박해지면서, 독립운동계의 관심이 그쪽으로 쏠리면서 국민대표회의 개최 열기가 주춤해졌다.

도산과 함께 국민대표회의를 제창한 여운형

9월 29일 임시의정원은 '군비제한회의에 출석할 대한민국대표단 임명안을 동의하는 증서'와 함께 한국 대표단을 구성하기로 결의했다. 이승만과 서재필을 한국 대표단의 대표와 부대표, 정한경과 돌프를 서기와 고문으로 각각 임명했다. 임시의정원 의장 홍진을 중심으로 한 대태평양외교후원회와 도산을 중심으로 한 외교연구회가 각각 조직되어 워싱턴회의에 대한 활동을 적극 후원했다. 한중 민간단체인 한중호조사와 한중협회도 후원에 동참했다. 국내에서는 이승만의 요청에 따라 13도 지역 대표와 51개 단체 대표 372명이 연명 날인한 '한국인민치태평양회의서韓國人民致太平洋會議書'를 작성해 한국 대표단에게 보내 주는 등 워싱턴회의에 대한 기대를 키워나갔다.

워싱턴회의는 동아시아와 태평양 지역의 현안 문제를 논의하기 위해 1921년 11월 12일부터 1922년 2월 6일까지 워싱턴에서 9개국 대표가 모여 개최한 대회였다. 이 대회는 파리강화회의에 대한 미국의 불만, 또 태평양을 마주하고 있는 소련의 동아시아 진출, 국제사회에서 부상하던 일본 문제, 한국·중국·인도 등지의 식민지 해방운동 문제 등을 다루기 위해 열렸다. 그러나 한국 문제는 상정도 하지 못한 채 끝나고 말았다. 독립운동계의 실망은 이루 말할 수 없었다. 특히 이승만을 적극 지원한 임시정부 지지 세력은 워싱턴회의의 좌절로 입지가 더욱 어려워졌다.

극동인민대표대회에 참석한 대표들이 1922년 4월 상해로 돌아오면서 국민대표회의 개최에 대한 논의가 다시 활발해져 갔다. 극동인민대표대회에서 임시정부 개편에 대한 결의가 있었다는 소식이 전해지고, 코민테른에서 국민대표회의에 자금을 지원한다는 희소식이 전해지면서, 8개월 동안 중단되었던 국민대표회의 준비가 재개될 수 있었다.

도산은 1922년 4월 6일 연설회를 열고, 독립운동계가 당면한 가장 중요한 과제는 국민대표회의를 소집하는 일이라는 점을 밝혔다. 모스크바에서 돌아온 여운형도 도산의 주장을 지지하고 나섰다. 5월 10일 국민대표대회주비위원회는 선언을 통해 "과거의 모든 분규와 문제를 해결하고 미래의 방침을 수립하여 다시금 독립운동을 통일하고 조직적인 것으로 추진하기 위하여 대회를 주비하는 책임을 진다"고 밝혔다. 이 선언서가 발표되자 각지의 대표들이 상해로 모여들었다.

1923년 1월 3일부터 개최된 국민대표회의는 5월 15일까지 63차에 걸쳐 회의가 진행됐다. 그러나 두 달여 만인 3월부터 임시정부 조직을 둘러싸고 격론이 벌어지면서 창조파와 개조파의 대립이 불거졌다. 창조파는 현 임시정부 체제를 완전 폐기하고 새롭게 대표 기관을 만들자고 했다. 그 후유증으로 국민대표회의는 20일 동안 열리지 못했다. 이때 개조파는 창조파와 비공식회의를 열었는데, 임시정부와 임시의정원을 설득해 국민대표회의를 인정하고 참가할 수 있는 여건을 만들어 가자는 것이었다. 그러나 개조파의 제안은 이승만에 의해 강력하게 부인되면서 좀처럼 활로를 찾지 못했다.

국민대표회의는 군사·재정·외교·생계·교육·노동 6개 분과위원회를 두었다. 7명씩으로 구성된 분과위원회는 4월 16일부터 시작되어 5월 10일까지 안건을 모두 마무리 지었다. 군사위원회는 의무병역제를 채택하고 부대 단위와 군구 확정, 사관 양성 방안, 군사비 등을 결의했다. 재정분과위원회는 재정 수입 방법으로 국민의무금, 공업상公業上수입금, 기부금, 차관 등을 제시하고 운영 방안을 결의했다. 외교분과위원회는 태평양 연안의 피압박 민족과 유대를 형성하고 국제사회에 한국 문제를 알리는 데 힘을 기울이자고 결의했다. 이외에도 생계문제와 만주·연해주 지역 개간을 통한 식량 확보 대책과 금융기관에 대한 대책 등을 논의했다.

임시의정원은 4월 국민대표회의가 소강상태를 보이자, 조덕진 등 9명 의원이 제출한 '대국쇄신안'을 통과시켰다. 새로운 쇄신책을 택하기 위해 특별위원회를 구성한다는 것이 골자였다. 그 취지는 독립운동 사업이 진척되지 못한 원인을 규명하고 독립운동가들의 일반 여론을 채택하여 적절한 방략을 찾아 독립운동에 관한 국면을 새롭게 만들자는 것이었다. 이 결과 조직된 특별위원회는 '대국쇄신실행안' 3개 항을 만들어 본회에 제출했다. 가장 핵심 내용은 임시의정원이 결의해 국민대표회의에 임시정부의 운명을 맡기자는 것이었다.

개조파는 정부옹호파를 회유하고 설득도 해봤지만, 정부옹호파는 고집불통이었다. 개조파는 임시의정원의 권한으로 국민대표회의에서 '대한민국 임시헌법'을 개정하자는 긴급 제의를 내놓았고 1923년 5월 4일 통과시켰다. 그렇지만 헌법을 개정하지 않은 채 임시의정원의 의결만으로 다른 기관에 권한을 위임한다는 것은 위헌이었다. 이에 따라 정부옹호파의 반대가 거세게 일어나자 의장 윤기섭도 긴급 제의를 무효로 선포하는 촌극을 빚기도 했다.

상황이 이렇게 되자 개조파는 5월 15일 본회의를 떠났으며, 사실상 국민대표회의는 막을 내렸다. 그러나 창조파는 6월 3일 그들만의 회의를 열고 국호와 연호를 정하고 6월 7일 그들만의 헌법을 통과시킨 뒤 30여 명이 블라디보스토크로 떠났다.

민족대당운동을 주창하다

공산주의자로 의심받다

국민대표회의가 무산된 후 동명학교 설립과 이상촌 건설에 매진하던 도산은 1924년 11월 상해를 떠나 12월 16일 미국 샌프란시스코에 도착했다. 1902년, 1911년에 이어 세 번째의 미국행이었다.

그러나 미국에 들어가는 문제가 순탄치 못했다. 미 당국이 중국 여권을 소지한 도산을 공산주의자로 의심해 입국사증을 허락하지 않았기 때문이다. 도산은 처음에 임시정부 구미위원부에 입국사증 허가를 미 당국에 교섭해 줄 것을 부탁했으나 아무런 도움을 받을 수 없었다. 당시 입국사증이 없는 한인들의 경우 임시정부 구미위원부가 미 당국과 교섭해 사증 발급을 주선해 주고 있었다. 그러나 구미위원부는 도산의 입국사증 발급에 협조적이지 않았다. 하는 수없이 도산은 서재필에게 부탁했다. 서재필은 평소 알고 지내는 스펜서 미 상원의원에게 요청했지만, "국무성이 안창호의 입국비자를 거절하면서 말하기를, 워싱턴에 주재한 한국인에 의하면 안창호가 공산당원이라 하므로 비자를 수여할 수 없다"는 회신을 받았다는 것이다. 워싱턴에 주재한 한국인이라면 임시정부 구미위원부의 사람들을 말하는 것으로, 그들이 도산을 공산주의자로 몰아 입국을 방해했던 것이다. 도산을 공산주의자로 소문을 낸 이들은 1923년 국민대표회의를 반대한 사람들이었다. 국민대표회의에 반발한 세력은 주로 이승만 대통령 체제를 유지하려는 소위 임시정부 고수파들이었다. 그런데 도산이 국민대표회의를 주창하자, 코민테른 자금으로 국민대표회의를 연다고 비판하면서 심지어 공산주의자라는 소문을 냈던 것이다. 『신한민보』는 이와 관련해 "누군가가 도산이 공산주의자라는 사실을 영문으로 작성해 미 국무성에 제출했다"는 기사를 보도하기도 했다. 그런 음해를 받았던 도산이 어떻게 해서 미국에 입국했는지는 아직 밝혀져 있지 않다.

이 일로 도산은 1925년 6월 3일 미국 노동부 이민사무국에 불려가 조사를 받아야 했다. 이민사무국은 "어떻게 미국에 들어왔으며, 러시아 소비에트 정부에 관심을 갖고 있느냐"며 도산을 추궁했다. 도산은 러시아 소비에트 정부에 직접적·간접적으로 관계를 갖고 있지 않다고 해명하고서야 미국에 머무를 수 있었다.

1925년 도산이 미국에 머무는 동안, 상해 임시정부도 커다란 변화를 맞이하고 있었다. 이승만이 대통령에서 탄핵되고 뒤이어 선출된 대통령 박은식朴殷植(1859~1925)도 작고하면서 임시정부가 대통령제에서 내각책

2008/967

Sworn statement of AHN CHANG HO,
taken before   J.B. Brekke, Immigrant Inspector,
                  K. Bernard Kim, Interpreter,
                  Veta J.Victor, Stenographer.
at the United States Immigration Office, 608 So.
Dearborn Street, Chicago, Illinois, this 3rd day
of June, 1925.

Q. What is your name?
A. Ahn Chang Ho.
Q. When did you come to the United States last?
A. Landed here December 16, 1924, at San Francisco.
Q. Under what status were you admitted?
A. I was admitted as a Section 6 Traveler. I have a Section 6 certificate
    issued by the Commissioner of Foreign Affairs at Shanghai, China.
Q. How old are you?
A. 47 years old.
Q. Where were you born?
A. Pyeng-Yang, Korea.
Q. Where did you embark?
A. Shanghai.
Q. Had you resided in Shanghai a long time?
A. About 3 years.
Q. What was your occupation in Shanghai?
A. I was one of the members of the Korean Provisional Government.
Q. Are you still a member of that Provisional Government?
A. No.
Q. What is your present status of occupation?
A. Just traveling.
Q. Where have you traveled since you were admitted at San Francisco?
A. From San Francisco I went to Los Angeles, remained there about two months.
    From Los Angeles I went to Stockton, Sacramento, Dinuba, Reedley, San Diego,
    Riverside, Bakersville. On my way from California to Chicago I stopped at
    Denver then came to Chicago. From Chicago I went to Philadelphia and New
    York, New Haven, Conn., Boston, Mass., Fall River, Washington, D.C. Patterson,
    N.J., Princeton, then back to New York, then back to Chicago.
Q. What was your object in visiting these different places?
A. For the purpose of visiting friends and among these friends the majority are
    students. I visited them on their own request.
Q. Did they request that you just visit them or was it for the purpose of talk-
    ing to them, making speeches or addresses, or what?
A. I have talked to them both privately and made public addresses among them.
Q. What has been the subject of your addresses?
A. In general I advised them to make a proper preparation for the future freedom
    and independence of Korea. Among the students I advised them they should work
    honestly and learn all they can while they had the opportunity and co-operate
    among the students.
Q. Are you interested in the Soviet Government of Russia?
A. I am not interested directly or indirectly.
Q. Did your talks to the students at these different places in any way involve

                        - 1 -

미국 노동부 이민사무국의 안창호 조사 문서

1926년 도산이 중국 상해로 떠나기 전 마지막 가족사진(앞줄 왼쪽부터 도산, 수라, 이혜련, 수산, 뒷줄 왼쪽부터 필립, 필선)

임제로 개정되었다. 임시정부 수립 이후 분란이 되었던 대통령의 권한을 제한하기 위해 내각책임제를 선택한 것이었다.

도산은 1925년 4월부터 7월까지 미국 동부 지방을 순회하며 한인들을 만나는 한편 유타주 솔트레이크시티를 방문해 한인사회 건설을 위한 현지조사를 진행하기도 했다. 11월에는 캘리포니아 일대의 한인사회를 순방하면서 독립의 새로운 방향을 제시하고 다녔다. 이 무렵 도산은 다수를 위한 연설보다는 독립운동 지도자들과 독립운동의 방략과 관련한 깊은 논의를 거듭했다. 동지들과 밤을 세워 논의하면서 새로운 길을 모색하니, 민족대당촉성운동이 그것이었다. 국민대표회의가 무산된 경험을 바탕으로 새롭게 강구해 낸 것이다. 그리고 그동안 미국의 한인사회를 순방하면서 모금한 5만 달러의 자금을 가지고 다시 상해로 돌아왔다.

삼일당 연설회와 민족대당촉성운동

도산이 미국을 떠나 상해에 도착한 것은 1926년 5월 중순이었다. 도산이 도착하기 전인 5월 3일 임시정부는 개정한 내각책임제의 국무령으로 도산을 선출한 바 있었다. 그러나 도산은 취임하지 않았다. 그것은 임시정부보다 민족대당운동을 벌이기 위한 의지에서 비롯됐다.

도산은 7월 8일 삼일당 연설을 통해 민족대당촉성운동에 공식 활동을 펴 나갔다. 이때 민족대단결을 주장한 도산의 연설 요지는 다음과 같다.

1) 우리가 성취해야 할 민족적 혁명은 이민족의 통치에서 벗어나 신국가를 건설하는 것이다.
2) 신국가의 정체와 주의 여하를 불문하고 2천만 동포의 단합된 통일노선을 결성해야 한다.
3) 자치론 및 실력양성론은 시대착오적이다.
4) 조국의 독립을 위해 조직적이고 유력한 일대 혁명당을 조직해야 한다.
5) 임시정부를 계속적으로 유지해야 한다.

3년 전 국민대표회의 때와 달라진 것은 임시정부 외에 '일대 혁명당'을 건설해야 한다는 점이었다. 국민대표회의 때는 임시정부의 틀 안에서 서로 다른 이념과 정치세력을 포용하려 했다면, 이제는 임시정부와 별도로 혁명당이란 틀에서 독립운동세력을 통합하자는 것이었다. 또 도산은 국내에서 이광수를 중심으로 제기된 자치론과 실력양성론을 철저히 배격한 혁명노선과 혁명당의 결성을 주장했다.

　　혹자는 혁명수단에 의하여 완전한 독립을 얻기란 불가능하다. 그 이유는 실력이 없고 또 단계를 밟지 않은 때문이다. 차라리 자치를 먼저 얻고 그리고 독립을 얻어야 한다고 창도하나 이것은 큰 잘못이다. 그 이유는 일본 정부는 오히려 우리들에게 자치를 허용할 시기가 빠르기를 원하고 있을 뿐 아니라 일본은 그들의 준비에 다망多忙을 극하고 있다. 그 자치제가 시행되기에 이르렀을 때에 있어서 여하한가를 말하건대 한국 내에 거주하는 일본인 내지 일본 동화자만으로 정권을 장악하게 될 것이다. 왜냐하면 현재 한국에 있어서의 지면地面의 대부분은 그들의 손에 있고 그리고 국내의 경제 또한 그들의 수중에 있으므로 장래 독립할 기회가 있어도 자치를 얻는다는 것은 절망일 것이다. 또 일파에서는 먼저 실력을 양성해야 한다고 칭하나 이것 또한 불가하다. 자본·지력·경험이 부족한 아 민족은 가령 일본 정부가 간섭하지 않는다고 해도 일본인 자본가와 경쟁할 수 없다. 하물며 우리에게 실력과 문화의 진보를 할 기회를 주지 않을 때에 있어서랴. 이제 한국 내의 토지의 대부분은 일본인의 수중으로 넘어가고 불쌍한 우리 동포는 동으로 일본의 공장에서 피와 땀을 흘리고 북으로는 만주의 황야에서 방랑하지 않으면 안되게 되었음은 실력양성 주창자의 이상을 웅변으로 말하는 것이 아니겠는가. 우리들의 생명의 부활을 위해서는 혁명의 한 길이 있을 뿐이며 그것을 유력하게 함에는 보편적이고 또 유력한 일대혁명당의 조직을 필요로 한다. 과거의 산만적 운동보다도 조직적 운동을 하려고 노력하지 않으면 안된다.

… 지금 혁명을 공산주의로 하자! 무정부주의로 하자! 복벽復辟(물러났던 임금이 다시 왕위에 오름) 운동을 하자! 하여 각각 자기의 의사를 주장한다. 그러나 그 주장이 다르다고 서로 다투지 말고 우리는 '민족혁명'을 해야겠다는 각오를 가지고 '대혁명적 조직'을 성립한 후에 일치적 행동을 취해야 할 것이다. 즉 우리 민족을 건지기 위해 개인의 사리私利에 부치지 말고 큰 혁명당을 조직하도록 힘써야 할 것이다.

국내에서 6·10만세운동이 일어났다는 소식으로 독립운동계가 고무되어 있을 때 도산은 7월 16일 삼일당에서 전 민중이 중심이 될 통일기관의 필요성을 다시 강조했다. '민족혁명'이란 각 독립운동세력이 정치·경제·종교적 이념의 차이를 떠나 민족 역량을 결집하여 일제의 압박에서 민족의 자유를 찾자는 것이다. '대大혁명적 조직'은 민족혁명을 추진하기 위한 독립운동세력의 구심체를 뜻했다. 이 무렵 쇠퇴한 임시정부의 기능을 대신할 민족적 통일기관을 세우자는 것이기도 했다. 도산은 민족 당면의 최대 과제는 조국 독립인 만큼 일단 독립을 달성한 뒤, 정치 사상의 논쟁은 해방된 조국의 발전을 위해 쏟아붓자고 강조했다. 그러면서도 도산은 임시정부 유지에 대한 확고한 의지를 표방했다. 심각한 재정난에 허덕이던 임시정부를 후원하기 위한 임시정부경제후원회를 조직하고 회장에 취임했다.

도산의 민족대당 주창은 커다란 반향을 불러일으켰다. 그리고 1920년대 후반 독립운동계의 최대 쟁점으로 부상했다. 도산은 1926년 8월과 9월 북경을 찾아가 원세훈과 민족대당운동을 논의했다. 임시정부 통합당시 힘을 모았던 원세훈은 민족대당운동을 적극 지원하고 나섰다. 원세훈은 북경의 좌파 세력과 함께 논의를 거쳐 10월 16일 선언서를 발표하면서 대독립당조직북경촉성회를 결성하기에 이르렀다. 북경에서 발표된 선언서는 러시아가 공산당의 깃발 아래, 중국의 혁명가가 국민당으로, 아일랜드의 혁명가가 신페인당에 집결했듯이 한국의 독립운동도 당적 결합을 이루어야 한다고 주장했다. 여기에서 주목할 것은 국민대표회의 당시 창조파 세력이 북경촉성회에 적극 참가했던 점이다. 3년 전 국민대표회의에서 반목했던 세력이 하나로 통합하는 데 동참한 것이다. 그런 점에서 도산의 민족대당운동은 독립운동계의 새로운 지평을 여는 것이었다.

1926년 12월 13일 국무령에 취임한 백범 김구는 민족대당운동의 흐름에 따라 개헌을 추진해 갔다. 개헌의 핵심은 이당치국以黨治國이었다. 최고 권력을 정부보다 당黨으로 삼아 독립운동을 전개한다는 것이었다. 임시정부 국무위원 전원이 대독립당조직상해촉성회에 참가한 것도 그런 의지의 반영이었다. 이런 움직임은 중국 대륙 곳곳으로 확산되어 갔다. 1927년 5월 광주에서는 의열단의 주도로 170명이 참가한 가운데 대독립당광동촉성회, 7월 무한에서는 한국유일독립당무한촉성회, 9월에는 남경에서 한국유일독립당남경촉성회가 잇달아 창립되었다. 1927년 11월에는 상해에서 중국 관내 연합체로서 한국독립당관내연합회가 탄생하면서 민족대당운동을 진전시켜 나갔다.

만주의 민족유일당운동을 점화하다

1927년 초 도산은 아나키스트 흥사단원 유기석柳基石을 대동하고 손정도孫貞道(1872~1931)가 기반을 닦아놓은 만주 길림 지역을 찾았다. 북경에 이어 만주 지역에서도 민족대당운동을 일으키기 위한 뜻에서였다. 그리고 2월 길림에서 흥사단원 최명식이 경영하는 정미공장(대동공사大東公司)에서 '조선독립운동의 과거와 현재, 미래'라는 제목으로 강연했다. 500여 명의 청중 앞에서 도산은 독립운동의 통일적이며 지속적인 투쟁을 강조했다. 청중들은 도산의 연설에 감격해 마지않았다. 그런데 강연 도중 수백 명의 중국 무장 경관이 강연회장을 포위하고, 20명의 경찰이 연설회장에 들어와 도산과 청중들을 체포하는 일이 벌어졌다. 이때 남자현南慈賢(1872~1933)이 도산을 보호하기 위해 중국 경관과 몸싸움을 크게 벌인 일화는 널리 회자되었다. 이것이 이른바 '길림사건'이다. 1925년 만주의 장작림 군벌과 조선총독부 사이에 맺은 삼시협정三矢協定에는 만주의 공산당을 공동으로 소탕하자는 내용이 포함되어 있었다. 일제가 이것을 이용해 도산의 강연회를 공산당 집회로 몰아 동삼성 헌병사령관에게 요구해 일어난 일이었다. 그런데 중국 사회 각계에서 한국 독립운동가를 감금한 것을 두고 맹렬하게 비난이 일자, 중국 당국은

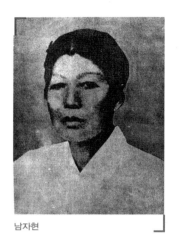
남자현

하는 수없이 20여 일 만에 도산을 포함한 독립운동가들을 석방시켰다.

석방 후 도산의 만주 지역 순방은 계속 이어졌다. 도산은 1927년 4월 길림 신안둔新安屯에서 정의부가 주도한 1회 각 단체 대표회의에도 참석했다. 이 회의에는 김동삼·오동진 등 정의부 간부 28명, 조선공산당 만주총국 등 20여 개 단체 대표 55명이 참가했다. 그러나 회의는 순조롭게 진행되지 않았다. 민족대당운동의 취지로 제안한 조선혁명당의 공산주의적 강령이 만주 지역 독립운동의 현실에 맞지도 않고 대동단결의 취지에도 어긋난다는 비판이 제기되었던 것이다. 젊은 공산주의자들의 일방적 주장에 정의부 인사들이 제동을 걸었던 것이다.

당시 만주에는 정의부·참의부·신민부 등 독립군 단체가 건재하는 가운데 청년들을 중심으로 한 사회주의 조직도 크게 일어나고 있었다. 때문에 사상이나 방략에서 현저히 차별화된 두 세력의 통합은 중국 관내보다 분명 난제가 드리워져 있었다. 그런 과정을 거치면서 1928년 5월 민족유일당촉성회를 결성했으나, 조직 방법을 놓고 이견을 좁히지는 못했다. 이후 만주 지역 민족유일당운동은 정의부·참의부·신민부를 중심으로 삼부통합운동의 형태로 추진되었다. 그 결과 국민부와 혁신의회가 성립될 수 있었다. 하나의 유일당 통합에 도달하지는 못했지만 여러 단체들을 양대 조직으로 묶을 수 있었던 것은 값진 결실이었다.

한국독립당과
대공주의의 진실

한국독립당의 창당

도산은 민족대당운동이 쇠퇴해지는 1928년 무렵 흥사단과 이상촌운동
에 몰두하고 있었다. 때문에 임시정부를 비롯한 일부 세력에 의해 독립
운동으로부터 멀어진 것이 아니냐는 비판이 제기되기도 했다.

그러나 도산의 고민은 따로 있었다. 중국의 국공분열과 코민테른의
일국일당一國一黨 원칙이라는 원심력에 의해 한국 독립운동계의 통합운
동이 구심력을 점차 상실해 갔다. 독립운동계의 통합보다는 이념과 주
의를 앞세우는 성향이 짙어져 갔던 것이다. 그것은 이념과 주의만의 문
제가 아니었다. 그 배경에는 세대 간의 갈등도 두드러졌다. 이 무렵 3세
대의 독립운동가들이 30대 성년으로 접어들면서 독자적 노선을 추구해
갔다. 1930년을 전후해서는 50대의 2세대와 30대의 3세대가 독립운동

계를 양분했다고 해도 과언이 아니다. 그런 상황에서 도산이 내세운 독립운동의 통합은 주의와 이념도 그렇지만 세대 간의 결속과 통합에 더 비중을 두고 있었다. 도산이 동명학교나 흥사단 등 교육에 힘을 쏟고 청년에 열중했던 것은 독립운동 3세대를 양성하기 위함이었다. 그런데 그것이 난망해진 것이다. 국제 정세의 환경이 세대 간의 간격을 벌어지게 한 것이다.

그뿐이 아니었다. 2세대 간에도 서로 다른 노선에 의해 균열이 생겨났다. 임시정부를 지킬 것이냐, 아니면 시대의 흐름인 독립운동 정당으로 갈 것이냐 등으로 제각기 주장을 내세우고 있었던 것이다.

도산은 1929년 2월 8일자로 미국의 동포들에게 흥사단을 혁명당으로 개편할 것인가를 논의에 부쳤다. 도산이 이 문제를 제기한 것은 흥사단이 수양단체에 머물고 있다는 비판이 일고, 실제 흥사단원들이 혁명에 소홀한 것을 인정한 때문이었다. 여기에서 도산은 흥사단의 본래 목적은 민족혁명의 원기를 튼튼히 하기 위해 만든 것이었음을 다시 한번 강조했다. 흥사단이 결코 수양주의로 이루어진 수양단체가 아니라는 것이다. 그리고 혁명 투사를 양성하기 위한 혁명훈련단체라는 것을 분명히 천명했다. 그렇다고 흥사단을 혁명당으로 전환하자는 것은 아니었다. 본래대로 흥사단은 혁명을 중심으로 한 훈련단체로 두고, 혁명당을 별도로 조직하는 것이 바람직하다는 생각에는 변함이 없었다. 그런데 혁명정신을 잃은 흥사단이 되어서는 안 된다는 것이 도산의 확고한 신념이었다. 혁명이 아니고는 지옥에서 영멸永滅할 수밖에 없고, 대소를 불문하고 혁명을 중심으로 생각하고 생활해야 한다는 것이었다. 즉 도산은 흥사단의 혁명정신을 일깨우는 한편 이제는 단원들이 혁명운동에 뛰어들어야 한다는 것이었다.

도산은 그런 정신을 바탕으로 1930년 1월 한국독립당의 창당을 주도했다. 상해에서 창립한 한국독립당의 발기인 가운데 흥사단 출신이 절반에 가까웠던 사실이 그것을 말해주고 있다. 한국독립당은 사실 임시정부 계열과 흥사단의 합작이었다. 그렇게 볼 때 한국독립당은 대세에 따라 독립운동 정당의 형태와 성격을 띠고 있었지만, 한편으로는 임시정부의 또 다른 분신이며 흥사단의 혁명운동이기도 했다. 때문에 한국독립당의 당의와 당강도 그런 수준에서 규정되고 있었다고 보아야 할 것이다.

한국독립당의 당의黨義·당강黨綱을 작성한 기초위원은 이동녕·안창호·이유필·김두봉·안공근·조완구·조소앙 등 7명이었다. 이제까지의 연구에 의하면 조소앙의 삼균주의三均主義가 당의·당강의 근간을 이루는 것으로 이해되어 왔다. 그런 주장에는 기초위원 가운데 별도의 이론을 내세운 사람들이 없었고, 조소앙이 삼균주의를 제창한 이론가였다는 점에서 추정한 측면이 많았다. 인적 구성으로 볼 때 한국독립당은 임시정부와 도산 계열이 주축을 이루고 있었다. 때문에 임시정부의 정신도 계승하고 도산의 사상도 반영되었다고 보는 게 상식일 것이다.

후술하듯이 도산은 이 무렵 대공주의大公主義란 독립운동 사상을 형성하고 있었다. 대공주의의 핵심은 독립운동의 통합을 지향한 것이었다. 그러나 도산은 대공주의를 대외적으로 표명하지 않았다. 통합을 추구한다면서 새로운 주의를 내세우면, 그것이 또 다른 분파로 이어질 것을 우려한 때문이었다. 도산의 대공주의는 소앙의 삼균주의와 닮기도 했지만 다른 점도 있었다. 동암의 「한국독립당 당의의 이론체계 초안」에 의하면, 1942년 당시 삼균주의가 한국독립당의 근본 정신을 위배한 것이라 비판했다. 그러면서 1930년 한국독립당 당의와 당강을 준수할 것을 강력히 주장했다. 그렇게 볼 때 1930년 한국독립당의 당의와 당강은 삼균주의보다 오히려 대공주의에 충실한 것이었다고 할 수 있다.

도산은 임시정부 내각에 참가는 하지 않았지만, 외곽 단체인 외교위원회와 경제위원회 위원장을 맡았다. 그리고 도산의 측근 동암은 임시의정원 부의장을 맡으며, 임시정부에 복귀했다.

「한국독립당 당의의 이론체계 초안」

안창호의 사상과 이념은 대공주의로 알려져 있다. 그럼에도 도산 스스로 대공주의가 어떠한 것인가를 구체적으로 남기지 않아 그 실체를 규명하는 일이 쉽지 않다. 그동안 대공주의를 규명하려는 연구가 다방면으로 시도된 바 있다. 대체로 조소앙의 삼균주의나 1930년 상해에서 결성한 한국독립당의 당의·당강과 비슷하다는 것이 학계의 중론이었다.

저자가 대공주의의 실체와 관련해 주목하는 것은 동암 차리석이 1942년 중경에서 작성한 「한국독립당 당의의 이론체계 초안」(이하 「이론체계 초안」)이다. 「이론체계 초안」은 임시정부의 여당 한국독립당의 당의로서 삼균주의를 내세우려는 주장을 반박하고 있다. 삼균주의는 주의가 동질한 세력을 중심으로 한국독립당을 구성해야 한다는 것이었다. 그러나 「이론체계 초안」은 주의와 노선을 따지기 앞서 조국 광복을 염원하는 세력이면 가리지 말고 한국독립당에서 포용해 대동단결을 이루자는 것이었다. 그리고 주의와 노선은 독립을 달성한 뒤 조국 발전을 위해 펼치자는 것이다. 그런데 「이론체계 초안」의 논리는 1920년대 후반 민족대당운동을 제창하던 도산의 주장과 매우 흡사하다는 점이다. 그리고 1938년 도산이 서거하자, 중국 장사에서 동암 차리석이 도산추도회를 거행할 때 발표한 『분투사략』과 상통한다. 그랬을 때 누구보다 '도산주의'에 충실했던 차리석이 주장하는 「이론체계 초안」의 논리는 여러모로 대공주의와 깊게 연결된 것으로 판단된다.

도산주의의 계승자, 차리석

차리석은 속된 표현으로 도산의 오른팔이었다. 두 사람은 1898년 독립협회 평양지회에서 만난 이래 평생 동지적 관계를 이뤘다. 1907년 신민회와 대성학교, 청년학우회 등으로 이어졌고, 1919년 망명 후에는 임시정부와 『독립신문』, 흥사단, 동명학원, 한국독립당 등을 통해 험난한 독립운동의 가시밭길을 헤쳐 나갔다.

두 사람의 정분과 의리는 위기를 맞이할 때 더욱 빛을 발휘했다. 1932년 도산이 상해에서 일경에 붙잡히자, 그는 도산 구출에 앞장서며 누구보다 혼신의 힘을 쏟았다. 그럼에도 도산이 국내로 압송되자, 동암은 도산의 역사를 최초의 기록으로 남기니 『도산선생약사』가 그것이다. 이 글은 중국 언론기관에 발표하기 위해 1932년 8월에 작성한 것으로, 분량은 짧지만 도산의 삶과 자취를 복원한 도산의 역사였다. 책 말미에 "어떤 중국인의 요구에 의해 단시간에 아무런 참고도 없이 임시로 초草했기 때문에 많이 소략하게 되고, 또 오류된 점도 다소 있을 줄 아나 선생님 역사의 골자는 대개 성립되었다고 자신합니다"라고 부언하듯이, 동암은 누구보다 도산의 역사를 꿰뚫고 있었다. 임시정부가 유랑하던 시절에도 동암은 도산의 역사를 정리하는 일을 자신의 사명으로 삼았다. 미주에 요청해 상황친목회·공립협회·국민회·흥사단·북미실업주식회사 등 도산이 관여했던 단체의 역사 및 도산의 연설, 편지 등의 자료를 수집할 정도였다.

도산의 주변에는 늘 많은 사람이 따랐지만, 동암은 독립운동전선에서 생사고락을 함께한 동지이자 분신이었다. 남경 시절 동암은 도산의 곁에서 건강을 챙기던 사람이었다. 1920년대 초 동생 차정석의 초청으로 『신한민보』 주필을 맡을 기회가 있었지만, 도산을 지키기 위해 미주행을 마다했다.

임시정부가 유랑길에 있을 때도 동암은 해방된 조국에서 도산기념관을 세워야 한다는 일념으로 도산의 유물을 챙겼다. 동암은 추도식 때 중국 각계에서 보낸 80여 개의 만장을 소중히 보관했으며, 소실될 것을 막기 위해 미국의 안창호 미망인 이혜련 여사에게 보냈다. 그만큼 도산에 대한 동암의 충정은 뜨겁고 진실했다.

도산의 독립운동 역정에는 늘 동암이 함께했고, 동암이 있었기에 도산은 마음껏 뜻을 펼칠 수 있었다. 동암은 도산이 독립운동의 준비 단계로서 조직한 흥사단 정신에 가장 충실한 독립운동가였으며, 흥사단 정신을 독립운동으로 실천한 대표적 인물이었다.

중일전쟁이 일어나고 상해의 흥사단 단원들이 일제에 굴복해 1939년 '해소성명'을 낼 때 동암은 비판 성명을 발표하고 흥사단 본연의 정신을 지켜 나갔다. 1940년 3월 10일 도산 서거 기념일을 맞이해서는 중경 단원들을 집결시켜 도산의 정신을 기렸다. 중경의 흥사단 원동특별반은 동암이 단장을 맡고 도산의 원칙에 따라 각자 자신의 정치관과 소신에 의해 임시정부 및 한국독립당, 조선민족혁명당 등에서 활약했다. 도산의 계승자 동암은 일제 패망 후 임시정부 비서장으로 환국을 준비하던 중 안타깝게도 65세 나이로 1945년 9월 9일 중경에서 서거했다.

대공주의의 논리

동암은 1942년 7월부터 2개월에 걸쳐 「이론체계 초안」을 마련했다. 이 글은 좌파 계열의 조선민족혁명당이 임시정부 참여 문제를 놓고 협상을 벌일 때 작성한 것이다. 조선민족혁명당은 한국독립당과 당적 통일을 이룬 뒤 임시정부를 운영하자는 입장이었다. 반면에 임시정부 여당인 한국독립당은 정치 통일에 앞서 군사적 통일을 주장했다. 그 과정에서 먼저 군사적 통합이 이뤄져 1942년 7월 조선의용대가 광복군에 합류했다. 그러나 정치적으로 정당의 조직과 세력을 각기 유지하자는 것이 한국독립당의 입장이었다.

동암은 그런 한국독립당의 주장을 비판하고 나선 것이다. 그러면서 1930년 창당 당시 한국독립당의 본래 뜻을 되살리자는 것이었다. 그리고 당의 주의라는 것은 이념이자 목적이며, 지속적으로 유지되어야 한다는 것이 동암의 주장이었다. 한국독립당의 본래 당의는 첫째 국토와 주권의 완전 정복, 둘째 정치·경제·교육의 균등을 기초로 한 신민주국 건설, 셋째 민족과 민족, 국가와 국가의 평등 실현 등이라 했다. 먼저 민족문제를 중시하고, 다음으로 사회균등이라 한 것은 한국독립당의 주의가 민족주의 내지 민족사회주의의 성격을 지닌다고 했다. 이러한 민족사회주의는 독일의 국가주의적 민족사회주의와 다른 공존공영의 민족사회주의이며, 공산주의나 사회주의, 무정부사회주의와도 분명 다른 것임을 명확히 밝혔다.

그렇지만 민족문제를 인정하고, 민주주의를 승인하고, 정부 권력을 인정한다면 주의를 달리할지라도 한국독립당의 구성원이 될 수 있다는 것이 동암의 주장이었다. 즉 주의를 초월해 민족독립을 위한 길에 나선다면 공동의 광장으로 문호를 개방할 수 있도록 한국독립당의 당의가 규정되었다는 것이다. 그렇지 않고 주의를 앞세워 문호를 닫으면, 분열을 야기시키고 독립 달성이 무망해질 수밖에 없으며 혼란이 따를 뿐이라는 것이다. 그리고 한국독립당이 지향하는 민족주의가 세계 민족의 공존공영으로 지향하는 것은 철학적으로도 가장 완수完秀한 것이며 '한민족 대계에 대한 고견탁론'이라면서 기존의 당의를 적극 옹호했다.

동암은 1930년 한국독립당 결성 당시 당의·당강 수립에 참여한 기초위원이 아니었다. 그런 그가 「이론체계 초안」을 작성하면서, 삼균주의에 맞서 그토록 당의를 지키려 했던 것은 무슨 이유에서일까 궁금하지 않을 수 없다. 동암의 주장에는 1920년대 중반 도산이 외치던 민족대당의 정신과 일맥상통하는 것을 발견할 수 있다. 도산이 1930년 한국독립당을 결성할 때 주도적 역할을 수행한 인사였던 점을 감안할 때, 동암이 1930년 결성 당시의 '당의'의 정신과 이론을 '철학적으로 완수한 것'이며, '고견탁론'이라 극찬하는 것 역시 도산주의에 대한 평가에서 비롯된 것으로 보아야 할 것이다.

「이론체계 초안」에서는 당의의 실행으로 1) 상실한 토지와 주권을 광복해야 하고, 2) 광복하려면 일제의 모든 침략세력을 박멸해야 하고, 3) 혁명적 수단으로 박멸해야 할 것을 내세웠다. 그리고 혁명적이라 함은 타협성을 떠난 극단적인 방법을 말하는 것이고, 절대적 수단을 취하는 것이라 했다. 아울러 한국의 민족혁명은 브라질의 청원식 독립운동과 인도의 비폭력 독립운동과 같이 타협적인 것이 아니라 강성적인 적극적 독립운동을 펼쳐야 한다는 것이었다.

당시 한국독립당에서는 당의를 '삼균주의'로 정의하자는 세력이 적지 않았다. 그 이유로는 첫째 1930년 당시 한국독립당의 당의가 너무 길어 타인이 우리의 주의를 물을 때 한마디로 대답하기 곤란하기 때문에 간략한 주의가 필요하다는 것, 둘째 군중을 포섭하기 위해 현저한 주의를 표현해야 한다는 것, 셋째 당의가 너무 광범해 다른 주의자도 들어올 수 있음으로 이것을 방지하기 위해 독지獨特한 주의를 수립해야 한다는 것, 넷째 주의가 없으면 타인이 우리에게 자기들의 주의를 접수接受시키려 함으로 이것을 방어하기 위해 주의를 확정할 필요가 있다는 것 등이었다.

이런 주장에 대해 동암은 삼균주의의 논리와 분명히 선을 그었다. 한국독립당 당의는 1) 주권독립, 2) 건설균등, 3) 세계공영으로 요약된다는 것이다. 그런데 제2의 건설균등의 단계에서 요구되는 삼균주의를 제1의 주의로 삼으면 당의의 내용 전체를 대표하는 것이 될 수 없다는 것이다. 때문에 당의에 변동이 생길 뿐 아니라 법규에 저촉되는 것이라 했다. 삼균주의로 주의(당의)를 삼으면 독립사상 자체를 삼균사상으로 전환시키는 게 되고 만다는 것이 동암의 주장이었다. 주의가 없다는 주장에 대해서는 주의가 없는 것이 아니라 대외적으로 선전하지 않거나 표현이 부족했을지 몰라도 한국독립당의 당의 자체가 곧 주의라는 것을 강조했다. 설혹 주의가 없다고 가정하더라도 우리가 견결한 태도를 가지면 다른 주의를 강제로 받아들일 필요가 없는 것이라 했다. 주의를 신앙으로 삼으면 절대 소멸되지 않는다는 것이 동암의 반박이었다. 그는 삼균주의로 당의를 정하면 한국독립당에서 포괄하고 있는 당의가 축소될 뿐 아니라 특정한 주의에 얽매여 한국독립당이 표방한 당의의 본질을 왜곡시키는 것이라 경고했다.

동암은 한걸음 더 나아가 삼균주의로 당의로 삼는 것은 법이론에도 위배되는 것이라 질타했다. 당의는 함부로 고칠 수 있는 것이 아니라, 삼균주의로 주의(당의)를 정하려면 먼저 법 개정 여부부터 결정해야 한다면서 부당성을 지적했다.

동암은 현 단계에서는 주의보다 '조국 광복'이 최상위 개념이라는 것을 거듭 역설했다. 주의란 현 단계의 임무를 완성한 뒤의 일이라면서 조국 광복의 일이야말로 최고의 임무이며 한국독립당을 건립하고 조직한 본의라는 것이었다.

이런 동암의 주장과 논리는 1926년 삼일당 연설에서 도산이 민족대당운동을 제창하던 때의 주장과 일치하는 것이었다. 그렇게 볼 때 1926년 도산이 제창한 민족대당의 주의는 1930년 한국독립당의 당의·당강으로 이어지고, 동암에 의해 1938년의 『분투사략』, 1942년의 「이론체계 초안」으로 계승되었음을 확인할 수 있다. 그리고 「이론체계 초안」에 이르러서는 도산의 독립사상, 곧 대공주의가 어떠한 것이었는가를 상세하고도 구체적으로 제시하고 있는 것이다. 그렇다고 할 때 「이론체계 초안」은 한국독립당 당강에 배어 있는 대공주의의 정신과 이론을 대변한다고 할 수 있다.

대공주의는 어떻게 형성되었는가

도산의 대공주의를 두고 흔히 1927년 전후에 형성된 것으로 말하고 있다. 그러나 주의와 사상은 하루아침에 만들어지는 것이 아니다. 도산은 이론가가 아니라, 실천을 중시한 민족혁명가였다. 대공주의란 '민족독립'을 달성하기 위해 강구된 사상이자 주의였다. 때문에 대공주의의 형성 과정과 실체를 추적하기 위해서는 도산의 독립운동 역정을 짚어볼 필요가 있다.

도산이 독립운동을 펼치는 과정에서 부딪혀야 했던 난관 가운데 가장 큰 문제는 독립운동세력 간의 파벌, 그리고 세대 간의 갈등, 이념과 노선상의 차이로 인한 갈등과 대립이었다. 어느 면으로는 이러한 독립운동계의 난립상이 독립운동의 다양성 내지 다원성으로 비쳐지기도 하지만, 독립운동을 추진하는 과정에서 걸림돌이 되었던 것은 숨길 수 없는 사실이다.

도산은 한국 독립운동의 통합 내지 통일운동을 개척해 나갔다. 민족 세력의 통합을 마치 신앙처럼 여기며 독립운동의 길을 헤쳐나간 지도자의 자취를 확인할 수 있다. 1919년 임시정부가 수립될 때 실질적 지도자로 활동하던 도산은 대한국민회의와의 통합에 힘을 쏟아 결실을 맺을 수 있었다. 이때의 통합은 임시정부 조직체의 물질적 통합을 넘어 정치 이념을 초월한 민족적 통합이라는 점에서 독립운동사의 새로운 기원을 이루는 것이었다. 이에 따라 사회주의 인사들도 임시정부에 참여할 수 있었다. 1920년 무렵에는 연아론聯俄論을 주장하면서 사회주의 진영과의 결합도 마다하지 않았다. 이런 도산의 역정은 민족대당의 꿈을 이루기 위한 정신에서 비롯한 것이었다. 1920년 8월 미 의원단과의 만남에서 역설한 바처럼, 중국·러시아와의 연대를 강조한 바 있었다. 거기에는 3국동맹에 의해 독립군을 양성할 수 있으면 임시정부를 반대하는 세력을 포용할 수 있다는 뜻이 담겨져 있었다.

도산은 독립운동의 노선과 방략에서 폭넓은 반경을 보이며 군사·외교·교육·사법·재정·통일 등 전반적 부문에서 독립운동을 추구해 갔다. 대한민국 임시정부가 1920년을 독립전쟁의 해로 선포한 것도 도산이 주도한 일이었다. 외교론 내지 실력양성론에 치우쳤다는 일부의 평가는 도산의 진면목을 보지 못한 단견에 불과한 것이었다.

임시정부가 대통령 문제로 독립운동계에서 구심력을 상실하기에 이르자, 대독립당 건설을 앞장서 주창한 이도 도산이었다. 국민대표회 개최를 주도해 갔던 것 역시 임시정부의 한계를 극복하고 민족세력의 통합을 이루어내기 위한 의지의 발로였다. 주지하듯이 국민대표회의는 국내외 각처에서 사상과 노선을 달리하는 다양한 세력이 운집하면서, 저마다의 주장을 앞세우며 논란에 논란을 거듭했다. 이 무렵 도산은 임시정부의 틀에서 저마다 다른 민족운동세력의 통합을 꾀하려는 '개조파'의 입장에 서 있었다. 그러한 도산의 논리는 한국 독립운동을 지원하려던 코민테른의 통일전선론 내지 국민당을 중심으로 전개된 국공합작과도 맥락을 같이하는 것이었다. 그러나 국민대표회의는 결국 통합의 결실을 이루지 못한 채 무산되고 말았다. 그렇지만 대공주의의 형성이란 점에서 보면 국민대표회의의 좌절은 통합을 위한 새로운 전환을 불러일으키는 계기가 되었다.

당시 국제정세는 독립 달성의 전망을 전혀 예측하기 어려운 상황으로 몰고 갔다. 그런 가운데 독립운동세력은 파벌, 이념과 노선상의 문제를 놓고 심한 대립마저 보이고 있었다. 거기에 일제의 분열정책에 의해 자치론이 등장하면서 국내의 민족사회는 개량화되어 가고 있었다.

도산은 미주로 건너가 재충전의 시간을 가지며 독립운동의 새방도를 구상했고, 1926년 5월 다시 상해를 찾았다. 그리고 7월 8일 삼일당 연설에서 민족대당 건설을 제창하기에 이르렀다. 이때 민족대당의 주창은 독립운동계를 일신시키는 방향 전환의 신호탄이 됐다. 그동안 고질과도 같았던 이념과 노선의 차이를 극복하는 방도로서 대혁명당의 제창을 독립운동계에 제시한 것이다. 1926년 삼일당 연설에서는 민족대혁명당을 주창하면서, 한편으로는 임시정부의 존립을 강조하고 나섰다. 임시정부는 존속하되, 별도로 민족대혁명당을 제창한 것이었다. 이는 도산의 통합운동 구도가 국민대표회 때와는 달리 개조파와 창조파의 이론을 통합해가는 과정을 보여주고 있다는 점에서 주목된다. 국민대표회의의 좌절을 경험하면서 도산은 명실공히 민족세력의 통합을 위해 새로운 방도를 제시한 것이었다.

민족대당을 건설하자는 도산의 주장은 사상과 이념을 초월해 전 민족적 단결로 민족혁명을 달성하자는 것이었다. 민족대당의 이념적 기반은 겉으로 드러내지는 않았지만 바로 대공주의에 바탕을 둔 것이었다. 그렇지만 도산은 대공주의를 내세우지 않았다. 앞서 보듯이 '주의'를 통합하자면서 또 다른 주의를 주장하는 것으로 비쳐질 것을 우려했기 때문이다.

6·10만세운동 연설회에서 도산은 "우리들의 운동은 보일보 전진하고 있는데 이 민족운동은 멀리 갑오 동학당에서 발하여 이어 독립협회의 조직이 되었고 다시 3·1운동이 되어 널리 온 전족적으로 전개했고 이번 6·10운동과 같은 것은 전연 자각적으로 되어 나타났다. 고로 이 운동을 한층 유력한 것으로 만들려면 전 민중의 중심이 될 통일기관을 필요로 한다. 더욱이 이의 실현을 위해서는 내부의 쟁투를 그치고 공동의 적인 일본인과 싸울 준비를 하지 않으면 안된다"고 역설했다. 그렇게 해서 민족대당운동이 중국 각지에서 일어나고, 국내에서는 신간회운동으로 확산되어 갔다.

주목할 것은 도산이 민족대당운동을 위해 중국 대륙 곳곳을 누볐던 사실이다. 독립운동 지도자 가운데 도산처럼 만주와 중국 대륙을 멀다

하지 않고 발걸음한 인사가 과연 있었을까. 만나는 사람들도 각양각색이었다. 사회주의가 되었든지, 무정부주의가 되었든지 도산은 가리지 않고 민족대당 건설을 위해 그야말로 매진했다. 그런 바탕에서 한국 독립운동사에서 새지평을 열어간 민족대당운동의 성과를 거둘 수 있었다. 이 무렵 도산에게는 민족세력을 통합으로 이끌어내는 자체가 주의와 사상이었다. 그것은 대공주의의 실천이기도 했다.

한국독립당의 당의·당강은 도산의 대공주의나 조소앙의 삼균주의에도 크게 어긋나지 않았다. 즉 서로의 주의가 공유되는 접점에서 당의를 채택한 것으로 여겨진다. 그리고 한국독립당의 당의는 1938년 동암이 도산추도회 때 발표한 대공주의의 주의와 1942년 「이론체계 초안」에서도 유지되고 있었다.

즉 이념적 동질성을 바탕으로 한국독립당을 구성하려고 했던 삼균주의에 비해, 광복을 최고 이념으로 받아들여 독립운동에 참가하는 민족세력을 모두 통합해 가야 한다는 것이 대공주의였다고 할 수 있다.

흥사단, 그리고 이상촌운동

1913년 흥사단을 세우다

도산의 독립운동에서 가장 독특한 것은 수양단체로서 흥사단興士團을 병행하고 있었던 점이다. 도산이 1913년에 세운 흥사단은 오늘날까지 유지돼 100년이 넘는 역사를 자랑하고 있다. 단원도 10만 명이 넘는 것으로 알려져 있다. 그 정신도 창단 시절의 무실역행, 충의용감을 이어 오고 있다. 흥사단의 역사는 너무 잘 알려져 있으므로, 여기서는 창사단의 창단 배경 및 독립운동과의 관계를 중심으로 살피기로 한다.

흥사단은 도산이 1908년 국내에서 조직한 청년학우회의 정신을 계승한 것으로 알려져 있다. 조직 목표나 수양 방법 등에서 흥사단은 청년학우회와 크게 다를 바 없다. 다만 단원의 입단 과정 및 조직의 운영 체계와 방법 등에서 흥사단이 체계적이고 전문 단체의 성격을 띠고 있다고

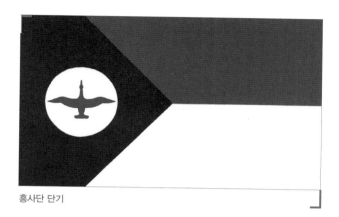

흥사단 단기

하겠다.

원래 흥사단이란 명칭은 구한말 유길준俞吉濬(1856~1914)이 조직한 단체의 이름에서 유래되었다. 그러나 단체가 소멸된 상태이고, 그 이름이 좋으니 다시 사용해도 나쁠 것 없다는 생각에서 흥사단이란 명칭을 사용했다고 한다. 도산은 흥사단의 사士는 문사文士와 무사武士를 아우르며 진정한 애국자를 일으킨다는 뜻으로 해석했다고 한다.

그러면 도산이 흥사단을 세워야겠다는 생각은 언제부터였던가. 연원을 따지면 본래 인격과 원칙에 충실한 도산의 품성에서 비롯할 것이다. 구체적으로는 1902년 미국에서 귤 따는 일 하나에도 정성과 신용을 강조한 것에서 싹트고 있었던 것으로 보인다. 도산은 입버릇처럼 '귤 하나 따는 게 나라를 위한 일'이라 했다. 그래서 1903년 한인친목회를 만들고, 그것을 다시 2년 만에 공립협회로 발전시키면서 독립운동의 기틀을 마련했다. 도산의 꿈은 독립 달성이지만, 그 너머로 한국 민족이 세계의 일등 민족이 되는 것이었다.

홍사단 입단문답에서 볼 수 있듯이, 도산은 설령 남의 힘으로 독립이 된다고 해도 스스로 독립된 나라를 지킬 힘이 없으면 의미가 없다고 여겼다. 또 한국이 망한 것도 특정 개인의 잘못이 아니라 국민 모두가 자기 역할을 하지 못한 때문이라 생각했다. 국내에서 청년학우회를 창립한 것도 그런 정신에서 비롯한 것이다. 1910년 나라가 망하자 그런 의지를 더 구체화하면서 홍사단 설립에 착수했던 것이 아닌가 한다. 도산이 홍사단을 만들어야 한다고 처음 알린 것은 1912년 초였다. 홍사단의 기초를 마련하는 일에는 도산을 비롯해 강영소姜永韶(1886~1934)와 곽림대가 힘을 모았다. 그리하여 홍사단은 1913년 12월 20일 홍언(경기도), 염만석(강원도), 민찬호(황해도), 송종익(경상도), 강영소(평안도), 김종림(함경도), 정원도(전라도) 등으로 창립위원회를 구성했다. 창립위원장에는 홍언洪焉(1880~1951)이 맡았다.

홍사단 단원에는 예비단우와 통상단우가 있고, 문답을 거치지 않는 특별단우와 명예단우가 있었다. 예비단우는 6개월 동안 단의 집회와 훈련에 참가해 실제 경험을 쌓은 뒤 통상단우가 되는 절차를 거쳐야 했다. 예비단우나 통상단우는 엄격한 문답을 통과해야 했다. 1913년 홍사단 창립 예식 때 단우는 35명이었다.

홍사단의 정신과 목표는 민족의 힘을 기르기 위해 인재를 올바로 양성하는 것이었다. 홍사단은 당장에 독립운동을 표방하지 않았지만, 건전한 인격 수련으로 독립운동의 기초를 마련하기 위해 조직한 단체였다. 도산은 독립운동이 험난한 길인 것을 누구보다 깊게 인식하고 있었

흥사단 청년단원(1918)　　앞줄 오른쪽에서 두 번째가 도산이다.

다. 도산이 강조하듯이 독립운동은 자신의 목숨을 희생할 각오로 전개
된 것이었다. 당장에 독립운동에 참가하지 않더라도 그 정신적 의지를
단련하면 언젠가 독립운동의 역군이 될 것이라 믿었다.

흥사단 원동임시위원부 설립

도산은 임시정부를 지휘하면서도 한편으로 흥사단의 원동지부인 흥사
단 원동임시위원부(이하 원동흥사단) 설립을 추진했다. 여기서 원동이란
중국·연해주·일본·국내 등지를 포괄하는 지역이었다. 이를 위해 미국
에 있는 흥사단원 박선제와 김항작이 상해로 와서 원동흥사단 조직을
준비해 갔다.

1920년 12월 말에는 흥사단 제7회 대회가 상해에서 열렸다. 흥사단 대회는 매년 개최되는 조직의 최대 행사로서 상견례·입단식·강론회·토론회·운동회 등을 통해 조직의 결속을 다지고 사업 방향과 국내외 정세에 대한 최신 정보를 공유하는 자리였다. 또한 시국문제나 독립운동 방략 등 각종 현안문제에 대해 민주적인 토론을 통해 공론을 도출하고 단원들의 사상을 통일하는 장이기도 했다. 도산은 원동대회를 개최하면서 단원들이 각지에 흩어져 지내는 동안 각기 다른 사상이나 주의에 접하게 되는데, 대회를 통해 흥사단 정신을 되새겨 단원들의 사상을 통일해야 한다고 강조했다.

제7회 대회 이후 원동흥사단의 추진이 본격화되면서 1921년 9월 20일 원동흥사단이 정식 출범했다. 그리고 1922년에는 미주 흥사단 본부로부터 원동흥사단 설치에 대한 정식 허가를 받았다. 흥사단은 미주를 본부로 하고, 원동흥사단의 관할 구역은 국내를 비롯한 중국·연해주·국내·일본 등지였다.

상해 영국 조계 모이명로 빈흥리 301호에 단소를 마련한 원동흥사단은 독립운동세력을 통합하기 위해 상해를 비롯해 남경·북경·천진 등지에서 단원을 포섭해 갔다. 원동흥사단 역시 미주 흥사단과 마찬가지로 입단 절차가 매우 엄격했다.

원동흥사단은 위원부 아래 회계부·검사부·도서부·강론부·운동부·음악부·접제부 등의 부서를 구성했다. 그리고 기초 조직으로 원동반이 구성되었으니 조직의 가장 기초는 반원들이었다. 원동흥사단은 부서 조직을 통해 각 개인의 지·덕·체 균형 발달을 도모함은 물론 조직력을 바

흥사단 원동위원부 창립대회

탕으로 각종 사업을 전개했다. 단원은 통상단원과 임시단원으로 구분했다. 통상단원들은 상해·남경·북경 등 주거 및 활동 영역에 따라 원동반(1~14반)에 소속되었다. 초기에는 상해의 독립운동가들이 대규모로 가입했다. 김구·안정근·손정도·이유필·송병조·선우혁·조상섭·양헌 등이 그들이다. 흥사단의 표면 활동을 전개하지 않았으나, 김구는 특별단원이었다. 특별단원은 흥사단 정신을 이미 구현하고 있는 인사들을 입단문답 없이 단원으로 인정한 것이 아닌가 한다. 그런데 원동흥사단의 경우 주의나 사상을 따지지 않고 단원으로 받아들였던 점이다. 아나키스트가 되었건 사회주의자가 되었건, 이념이나 주의에 관계없이 흥사단

도산과 원동흥사단 단원(왼쪽부터 김복형, 전재순, 유상규)

정신을 실행하면 단원이 될 수 있었다. 그런 점에서 비정치적 단체라고 할 수도 있으나, 주의나 이념을 초월한 대공주의가 흥사단에서 실현되고 있었다고 보아야 할 것이다.

　단원들은 의무적 활동을 규칙적으로 전개하면서 흥사단주의를 실천하고 단원 간의 결속을 다졌다. 단원들은 단우회·월례회·원동대회를 개최하여 각자의 활동사항에 대해 보고하는 통상보고와 각종 단우회 및 대회 출석 의무, 의무금 출연, 동맹저축, 동맹운동, 동맹독서 및 육체운동 등을 전개했다.

흥사단의 입단문답

흥사단의 입단문답은 까다롭기로 소문이 났다. 문답은 도산이 직접한 것으로 알려져 있다. 여기서는 입단문답의 실례를 통해 흥사단의 정신을 구체적으로 살피기로 한다.

1920년 도산이 북경을 방문했을 때 북경협화대학 부속병원 의사인 이용철이란 청년이 찾아온 일이 있었다. 이용철은 3·1운동에 참가했다가 북경으로 와 의사로 일하고 있었다. 그는 도산과의 입단문답을 통해 원동흥사단 단원이 되었는데, 도산의 질문에 대한 이용철의 답변을 보면 다음과 같다.

"한 나라가 독립국가로 세계만방과 어깨를 겨누고 나가자면 어떤 것들이 있어야 하는가 생각해 본 일이 있는가?"

"한 나라를 구성하자면 국토와 인민과 주권이 있어야 할 줄 압니다."

"우리나라가 일본에 합병되기 전에 국토·인민·주권 세 가지가 다 있었는데도 왜 오늘날 이 모양이 되었소?"

"그거야 우리 힘이 일본만 못하기 때문이 아닙니까."

"옳소. 힘이 부족하기 때문이오. 한 나라의 힘은 무엇을 의미하는 것이오?"

"강한 군사가 있어야 나라에는 힘이 되겠지요."

"강한 군사의 힘도 나라의 한 부분 힘이 되겠지만, 그것만은 아닐 것이오. 요새는 과학세계요. 아무리 강한 군사라도 과학의 힘을 빌지 않고는 과학적으로 싸울 줄 아는 사람에게 못 견딜 것이오. 남은 대포로 싸우는데 우리는 활이나 창으로 막아 낼 수 있겠소, 남은 기선·철도·잠수함·비행기를 사용하는데 우리는 목선·우마차 같은 것을 사용하면서 적군을 이길 수 없을 것이오. 아무리 강한 군사라도 과학의 힘이 없이 과학의 힘을 쓰는 사람과 경쟁이 안 될 것이오. 그런데 이 강한 군인이며 과학을 하는 이들은 물론이고 다 우리 동포들이 할 일임으로 결국 말하면 우리 민족이 독립할 만한 힘을 가지고 있느냐 없느냐에 달린 것이오. 지금 현상으로는 매우 비통한 일이지만 우리 민족의 힘이 너무 부족한가 하오. 다행히 다른 사람의 힘을 빌어 우리가 독립을 한다 하더라도 우리 스스로의 힘이 준비되지 않으면 또 다시 독립을 유지할 수 없게 될 것이오. 그러므로 아무리 조급하더라도 이 원리, 원칙을 무시하고 우리 민족이 영구 독립을 가질 수 없오. 이 원리, 원칙을 달성하기 위해 흥사단을 시작했소. 흥사단운동은 우리 동포 특별히 청년들을 특별 수양 훈련시켜서 독립국가 국민이 되기에 합당한 사람들이 되게 하자는 것이오. 이 운동에 세 가지 목표가 있소. 첫째, 우리 동포들이 도덕적으로 무실역행, 충의용감의 사람이 되자는 것이오. 둘째, 과학적으로 우리가 다 한 가지 과학을 전문하던지 적어도 한 가지 기술을 습득하자는 것이오. 셋째 이런 사람들이 뭉쳐 큰 힘을 이루어 우리 사회문화 향상에 크게 공헌하자 함이오. 우리 동포 대부분이 이런 사람들이 되면 일본의 힘이 아무리 크더라도 이런 민족을 노예로 삼을 수 없는 것이오. 이 운동이 독립운동에 근본이 되어야 할 터인데 우리 지도자들이 이를 무시하니 참 한심한 일이오."

문답에서는 왜 나라가 망했는가를 물어보고 있다. 민족의 힘이 부족해 그렇게 됐는데, 민족의 힘이 부족하면 설령 남의 힘으로 독립을 한다 해도 결국 힘이 없으면 독립을 유지할 수 없다고 했다. 흥사단은 청년들을 수양 훈련해 독립국가의 국민이 되기에 합당하게 만들기 위해 세웠다는 것이다. 흥사단이 세 가지 목표는 첫째 무실역행, 충의용감의 사람이 되자는 것, 둘째 과학과 기술 한 가지의 전문가가 되는 것, 셋째 단결해 사회문화 향상에 공헌할 것 등이다. 그렇게 되면 아무리 일본의 힘이 크더라도 우리 민족을 노예로 삼을 수 없다고 했다. 그리고 이런 정신은 독립운동의 근본을 이루는 것이다. 그런데 지도자들이 이를 모르고 있다는 것이다.

흥사단의 정신과 독립운동과의 관계는 상해에서 있었던 이광수와의 입단문답에서 보다 구체적으로 제시되고 있다. 대화가 길고 장황하지만, 도산의 흥사단주의를 알기 위해서는 이보다 더 좋은 자료가 없다고 생각한다.

"흥사단에 입단하기를 원하나요?"

"예. 나는 흥사단에 입단하기를 원합니다."

"왜요?"

"우리의 독립을 회복하고 민족이 영원히 번성하려면 흥사단주의로 가야 한다고 믿습니다."

"왜요?"

"우리는 힘이 없어 나라가 망하였으니 나라를 흥하게 하려면 힘을 길러야 합니다."

"힘이란 무엇입니까?"

"한 사람 한 사람의 건전한 인격과 그 건전한 인격들로 된 신성한 단결입니다."

"나라의 힘이라면 무력과 병력일텐데, 무력과 병력은 말하지 않고 건전한 인격과 신성한 단결을 힘이라고 하나요?"

"건전한 인격과 신성한 단결이 없이는 무력도 병력도 생길 수가 없습니다."

"농업과 상공업이 발달하면 무력은 저절로 있을 것이요, 대포와 군함만 있으면 병력은 저절로 있을 것이 아니요?"

"국민이 건전한 인격과 신성한 단결이 없고는 농업이나 상공업이 발전할 수 없고 또 대포와 군함이 있어도 그것을 쏠 사람이 없을 것입니다."

"지식과 기술이 있으면 그만이지, 인격이니 단결이니 하는 것은 무슨 소용이 있는 건가요?"

"인격이 건전치 못한 사람의 지식과 기술은 나라의 이익을 위해 쓰여지지 아니하고 도리어 나라에 해롭게 쓰여지는 일이 많습니다."

"그런 사례가 있나요?"

"오적이나 칠적들은 다 무식한 자가 아니라 유식하고 유능한 자였습니다."

"지식과 기능은 인격과는 어떤 관계가 있다고 생각하나요?"

"지식과 기능은 인격의 3요소 중의 하나입니다."

"<u>인격의 3요소는 무엇입니까?</u>"

"덕·체·지입니다. "

"덕이란 무엇입니까?"

"도덕입니다."

"도덕이란 무엇인가요?"

"'도'란 사람이 마땅히 좇아야 할 길이요, '덕'이란 그 길을 걸어감으로, 즉 실천함으로 생기는 정의의 경향, 궤도, 다시 말하면 옳은 길을 즐겨하는 버릇입니다."

"덕의 중심이 되는 것은 무엇인가요?"

"참이라고 믿습니다."

"참이란 무엇인가요?"

"거짓이 없다는 것입니다."

"거짓이 있으면 안 될 이유가 무엇인가요?"

"거짓말을 하거나 남을 속이면 남이 나를 믿어주지 않습니다."

"그대는 어느 나라 제품을 안심하고 사는가요?"

"독일제품과 미국제품입니다."

"우리나라 제품은 신용 못하는가요?"

"신용 못합니다."

"<u>어떤 나라의 상공업이 신용을 못 받고서 그 나라가 부할 수 있겠나</u>

요?"

"평생 외국사람의 시장밖에 안 됩니다."

"우리 민족은 안으로는 서로 믿고, 밖으로는 남의 믿음을 받고 있다고 생각하나요?"

"안으로도 서로 못 믿고 밖으로 남의 믿음도 못 받고 있습니다."

"무엇을 믿고 그렇게 단정하나요?"

"사실이 그렇습니다."

"사실이라니, 무슨 사실을 보고 우리 민족은 안으로 서로 믿지도 못하고 밖으로 남의 믿음도 못 받는다 생각하나요? 이것이라고 얼른 내어놓을 사실의 증거도 없이 어떻게 우리 민족이 안으로 서로 못 믿고 밖으로 남의 믿음도 못 받는 민족, 다시 말하면 거짓된 민족이라고 단언하나요?"

"(대답을 못함)"

"우리나라가 망하기 전에 백성이 정부를 믿었나요?"

"안 믿었습니다."

"왜 안 믿었을까요?"

"대신이나 수령이나 방백이 자기 욕심만 채우고 나라와 백성을 생각하지 않았기 때문입니다."

"그것은 이기심이지 왜 거짓이라 하나요?"

"나랏일을 한다면서 자기 일을 하니 거짓입니다."

"정부 관리들이 거짓을 하였기 때문에 백성들이 믿지 않았다는 것은 무엇으로 알 수 있나요?"

"정부 관리들이 거짓이 없고 백성들이 나라를 믿었다면 나라가 망할 리 없었을 것입니다."

"우리나라를 참나라로 만드는 길은 무엇인가요?"

"거짓을 버리는 것입니다."

"우리 민족이 2,000만이 넘는데 그들이 모두 거짓을 버릴 수가 있나요? 또 누가 그들에게 거짓을 버리라고 명령을 하며 그 명령을 듣기는 누가 듣나요?"

"어려운 일이지요. 그러나 해야 합니다."

"어떻게? 무슨 방법으로? 누가?"

"(한동안 말을 못하다가) 인제 깨달았습니다. 내가 해야 합니다. 내가 거짓을 버리고 참된 사람이 되어야 합니다."

"우리가 완전한 자주독립국가를 지니고 살아가려면 최소한 어느 단계까지 우리가 참되게 되어야 하는가요? 너무 고원한 이상은 일반 백성에게 추상적으로 들릴 것입니다."

"쉽게 말하면 영국 사람만큼 참되면 영국만큼 우리나라를 만들 수 있다고 봅니다."

"흥사단 약법을 읽고 무엇을 느꼈나요?"

"나라가 망한 책임자도 나요. 나라를 일으키는 책임자도 나라는 것을 깨달았습니다."

"나라를 망하게 한 책임이 어찌 그대에게 있나요? 이완용이나 이용구도 아니면서."

"그들로 하여금 나라를 팔게 한 것이 우리 국민이니 나를 뺀 국민이 어디 있습니까? 그런데 나는 일본을 원망하고, 이완용을 원망하고, 우리 국민의 무기력을 원망하고, 심지어 우리 조상을 원망하였으나 한번도 나 자신을 원망한 일이 없었습니다. 모든 망국의 죄는 다 남에게 있고, 나 혼자만이 무죄한 피해자처럼 생각하고 있었으니 책임 전가가 아니고 무엇이겠습니까?"

"그대는 어느 나라 사람이요?"

"대한 나라 사람입니다."

"대한은 벌써 망하고 없지 않소?"

"그래도 나는 대한 사람입니다."

"세계에서 가장 영광스런 나라가 어느 나라인가요?"

"영국, 미국 같은 나라입니다."

"그대는 왜 영국 사람이 안 되지요?"

"그것은 될 수 없습니다. 그것은 운명입니다."

"그대는 지금 영국 사람이나 미국 사람이 될 수 있다면 대한 사람을 탈퇴하여서라도 되기를 원합니까?"

"될 수도 없거니와 그것을 원하지도 않습니다."

"왜 그렇지요?"

"나는 대한 사람이니까, 내 조상들이 대한 나라에 살았고 대한 사람으로 죽어서 대한 나라 흙에 묻혔으니까요. 내가 대한의 비와 이슬을 받아 나고 자라고, 대한의 말과 글을 쓰고, 나는 대한 사람이니까요."

"그러면 그대의 평생 소원, 평생 사업이 무엇인가요?"

"우리 민족이 잘살게 되도록 힘쓰는 일입니다."

"흥사단은 의를 목적으로 하는 단결이라 하니 의란 무엇인가요?"

"이제 분명해졌습니다. 의란 민족을 위하는 일입니다."

"의와 불의를 그렇게만 생각하면 너무 천박한 게 아닌가요? 선악이니 정사니, 의니 불의니 하면 좀 더 깊은 철학적 의미가 있지 않을까요?"

"아까까지는 그렇게 생각했는데, 지금 깨닫고 보니 우리 민족을 위하는 것이 선이요, 정이요, 의입니다. 그와 반대로 우리 민족을 해하거나 우리 민족을 위하여 아니하는 일은 악이요, 사요, 불의라 생각합니다."

"그러면 다른 민족이나 세계 인류는 무시하는 것이 아닐까요? 제 민족만 사랑하고 제 민족만 위한다면 민족이기주의에서 침략주의가 되지 않겠소?"

"그렇게 생각하지 않습니다. 나 한 몸이 건전한 인격이 되는 것이 곧 우리 민족 전체의 힘이 되고 복이 되는 것 같이, 우리 민족의 나라를 선과 정의의 나라로 온성하는 것이 곧 세계 인류의 복이라고 생각합니다. 어떤 민족이 큰 물욕과 권력욕을 내버려 둘 때에만 침략주의가 되는 것이지, 사사 욕심이 없는 나라가 부강하게 되면 될수록 인류의 복이 되지 결코 화가 되지 않는다고 믿습니다. 우리는 우리나라를 만들어야 한다고 생각합니다."

"우리와 같이 나라도 없고, 거짓이 많고, 실행이 적고, 단결력도 없는 약소 민족이 그런 훌륭한 나라를 건설할 수가 있을까요? 그것 또한 공상 공론이 아닐까요? 우리마저 공상공론하는 무리가 아닐까요?"

"우리 민족의 현상이 극약·극빈·극우한 것은 사실이지만, 우리 중에 흥사단 사상이 발생하고 또 실행되기 시작했으니 반드시 우리의 목적,

즉 우리 민족을 세계에서 가장 무실·역행·충의·용감하고 덕과 지와 체가 우수한 민족을 만드는 일이 반드시 실현되리라 믿습니다.”

“그런데 왜 혼자서 우리나라를 부흥시키지 아니하고 흥사단에 들어와 하려고 하는지요? 그대와 같은 명사가 이런 입단문답을 거쳐 흥사단에 들어오는 것이 체면상 수치가 아닌가요?”

“처음에는 그런 생각도 든 게 사실입니다.”

“그런데 왜 입단하려 하나요?”

“이 일은 혼자는 못할 일입니다. 여럿이 뭉쳐야 할 일이기 때문입니다.”

“개인으로 하면 그만이지 단결을 해서 무엇합니까?”

“개인의 생명은 한이 있고, 단결하면 수명이 무한히 길기 때문입니다.”

“우리 민족이 국가 없이 문화와 생명을 보존할 수 있다고 생각합니까?”

“국가 없이는 민족도 멸망한다고 생각합니다. 지구상에 국가 없이 창성하는 민족은 하나도 없습니다.”

“언제나 우리에게 다시 나라가 있으리라고 생각하는지요?”

“우리에게 독립 국민이 될 실력이 생긴 때에야 우리에게 독립한 국가가 있으리라고 생각합니다.”

“우리에게 완전한 독립과 영광의 날이 저절로 올 수 있으리라 생각합니까?”

“저절로 올 수 없습니다. 우리가 그날이 오게 하도록 힘을 써야 올 것입니다.”

“흥사단은 정치단체가 아니요. 하나의 수양단체 따위가 아무리 커도 광복사업을 성취하고 옳은 정치를 할 수가 있겠소?”

“수양을 쌓은 건전한 인격자가 많이 생기면 그들이 정치가도 되고, 교육가도 되고, 실업가도 되어 건전한 국가를 이룰 수 있다고 믿습니다. 건전한 국민이 많은 나라에서는 부정한 개인이나 당파가 쓰일 일이 없을 것이니 국민을 건전하게 하는 것이 국가를 건전하게 하는 기초라고 믿습니다.”

이광수와 진행한 입단문답은 이것이 전부가 아니고 계속 이어졌지만, 자료로 전하는 것은 여기까지다. 처음엔 일상적인 문제로 시작한 문답이 점차 국가와 민족 문제로 심화되고 있다. 문답 중에는 우문현답 같은 부분이 눈에 띄기도 한다. 그리고 도산의 질문보다 이광수의 대답에서 도산의 정신과 논리가 찾아지기도 한다. 이는 후일 이광수가 자료를 정리하면서 질문과 대답을 뒤섞어 놓았기 때문이라고 여겨진다. 두 사람의 문답을 통해 흥사단정신을 정리하면 다음과 같다.

나라의 힘이란 건전한 인격과 신성한 단결에 있다. 이것이 없으면 무력도 병력도 소용이 없다. 지식과 기술이 있다 하더라도 인격과 단결이 없으면 오히려 해롭게 쓰인다. 예컨대 을사오적의 경우가 그렇다. 인격의 3요소는 덕·체·지이다. 덕의 본질은 참에 있다. 참이란 거짓이 없는 것이다. 거짓을 하거나 남을 속이면 남이 나를 믿어주지 않는다. 우리나라가 신용이 없는 것은 거짓이 있기 때문이다. 신용없이 잘사는 나라는 없다. 미국·독일제품은 신용하는데 우리나라 제품은 왜 신용을 못하는

가. 우리나라를 참나라로 만들려면 거짓을 버려야 한다. 그러기 위해서는 나부터 거짓을 버리고 참된 사람이 되어야 한다. 그러면 우리도 영국인만큼 못될 게 없다. 나는 대한의 말과 글을 쓰는 대한 사람이고, 영원히 대한 사람으로 살 수밖에 없다. 나라가 망한 책임도, 나라를 일으킬 책임도 오로지 나 개인에 있다. 우리 민족이 잘살게 하는 것을 평생 소원이자 사업으로 삼아야 한다. 흥사단의 의義를 실천하는 길은 우리 민족을 위해 일하는 것이다. 침략주의를 버리고 민족을 키우는 것이 세계 인류를 위한 길이기도 하다. 우리 같은 약소민족도 무실역행하고 덕·체·지에 충실하면 우수한 민족을 만들 수 있다. 결코 공상이나 공론이 아니다. 국가 없는 민족은 멸망한다. 국가 없이 창성한 민족은 없다. 우리가 노력하지 않으면 독립은 오지 않는다. 우리가 힘을 써야 한다. 흥사단 같은 수양단체가 어떻게 광복사업을 하는가. 흥사단을 통해 인격을 쌓은 뒤 정치·교육·실업 분야에서 활동할 때 건전한 국가가 될 것이다.

동명학원 설립

국민대표회의가 결렬된 후 도산은 상해를 떠나 남경으로 거처를 옮겨 동명학원東明學院을 설립하는 한편 이상촌 건설을 모색했다.

　동명학원을 세우는 실무는 차리석이 맡았다. 학교의 설립 과정은 마치 신민회 시절 대성학교를 세우던 것과 흡사했다. 동명학원은 중등과정 및 외국으로 유학하기 위한 학생들의 어학연수 과정을 개설했다. 동

남경 동명학교와 원동흥사단(1924)

명학원은 우선 1924년 3월 2일 어학강습을 열었다. 이때는 교사를 마련하기 전이라 임시로 중국인 교회 2층을 빌려 개교했다. 동명학원은 3년 과정의 영어과·중어과를 두었고, 1년 과정의 대학 예비과를 두었다. 그리고 방학 중에는 하기강습회를 개설했다. 하기강습회에서는 영어·중국어·국어·역사 등을 가르쳤으며, 40명에서 80여 명의 청년들이 수강했다. 주목할 것은 군사학·병식체조를 함께 교련한 점이다. 독립운동계가 국민대표회의 무산 후 방향을 잃고 혼란해 할 때에도 동명학교는 독립운동의 장도를 강구하면서 군사훈련을 시켰던 것이다.

이어 흥사단 본부에서 자금을 지원해 1,500평의 학교 부지를 마련할 수 있었다. 동명학원은 우선 공과대학을 설치하고, 향후 대학으로 발전시킬 계획까지 세웠다. 그것은 흥사단에서 강조한 1인 1과학 및 전문지식을 함양하기 위함이었다. 그리고 실제 취업이나 생활방도를 마련하자는 뜻도 포함되어 있었다.

동명학원 원장은 도산, 남경기독교청년회 총목 질레트가 명예원장을 맡았다. 개설 당시에는 인성학교 교사 정해리가 전임교사를 맡고, 선우혁이 예비반 담임교사를 맡았다. 그 외 이일림·주요섭·김두봉·김수형 등이 교사로 근무했다.

그러나 동명학교는 1926년 9월 화재로 학교 건물과 기구 등이 모두 불타버리는 재난을 당했다. 학교재건운동이 일어나 의연금이 모집되고 흥사단 본부에서 3,000원의 보조금을 받아 1927년 4월 신학기부터 수업이 재개되었다. 그런데 원동흥사단이 남경에서 상해로 이전하면서 학교 운영도 중단되기에 이르렀다.

이상촌을 물색하다

도산의 독립운동에서 빼놓을 수 없는 것이 이상촌운동이다. 이상촌이란 해외에 농업을 할 수 있는 곳에 한인들을 이주시켜 한인사회를 만들고 독립군을 양성하려는 계획이다. 한인의 안정된 생활을 바탕으로 독립운동 기지를 개척하려는 것이다. 이는 해외 독립운동 기지 개척의 전 단계라 할 수 있다. 미국에서 한인사회를 건설한 경험이 있는 도산은 독립운동을 전개하는 동안 평생 추구한 전략이었다. 그래서 도산은 틈만 나면 이상촌을 물색하고 다녔다. 그 지역도 광범해 연해주·만주·중국 관내·몽골·멕시코·필리핀 등지를 조사한 바 있다.

도산이 구상한 이상촌은, 산과 강이 있고 땅이 비옥한 곳에 200호 1,000여 명 정도의 한인이 집단 거주할 수 있는 공간을 만드는 것이었다. 가능하면 도로와 상하수도 등을 완비하고 가옥도 한국 건축의 특징을 살리면서 현대식 생활을 할 수 있는 지역을 상정했다. 그렇게 한인사회가 정착되면, 하나의 이상촌에서 100~200여 명의 독립군을 양성할 수 있다고 계산했다. 이상촌을 100여 곳에 세우면, 10여 만 명의 한인들이 자립하고 1만~2만 명의 독립군이 양성되기에 이르는 것이다. 앞서 보듯이, 도산의 이런 생각은 구체적 계획에서 비롯한 것이었다. 독립군 한 사람에게 하루 20전, 한 달 6원이면 1만 명의 한 달 경비가 6만 원이라는 것이다. 그리고 1년이면 70만 원에 달하는 것이다. 이것을 어떻게 마련할 것인가를 깊이 고민한 이가 도산이었다. 그 대책으로 강구된 것이 바로 이상촌 건설이었다. 때문에 이상촌운동은 독립군 기지 개척의 일환이었다.

거기에 일제 식민지배로 토지를 잃고 3·1운동 이후 해외로 이주하는 한인들이 증가했다. 1920년대 해외 한인은 50여 만 명에 달하고 있었다. 그러나 해외 한인들은 생활고에 시달려야 했다. 그런 한인들의 생활고도 해결할 수 있는 방법이 이상촌운동이기도 했다. 도산이 구상한 이상촌운동에는 도산의 뜻에 공감하는 동지들의 참여도 잇달았다. 이상촌 건설은 도산 혼자만 할 일이 아니었다.

이상촌운동 내지 독립운동기지 개척을 위해 도산이 첫걸음한 것은

1910년 망명 직후였다. 만주와 연해주 일대를 조사한 것이 그것이었다. 이때는 공립협회와 동지들을 동원해 봉밀산 일대에 한인촌을 건설할 수 있었다.

도산이 중국에서 이상촌운동을 벌인 것은 1921년 중반부터이다. 국민대표회의 개최의 열기가 주춤할 때 도산은 직접 중국 전역을 다니며 이상촌을 물색했다. 1921년 상해에서 개최된 흥사단 제7회 원동대회에서도 이상촌 건설을 역설한 바 있었다.

국민대표회의 결렬 후 도산은 1923년 8월 북경으로 가서 북경 부근의 서산 일대를 돌아본 일이 있다. 이때 흥사단원인 남개대학생 박일병을 대동하고 산해관·금주·호로도 등지를 답사했다.

도산이 직접 답사하기도 했지만 흥사단원을 파견하기도 했다. 흥사단원 임득산은 1924년 1월 남양과 광동 방면을 돌아본 후 필리핀·보르네오·싱가포르까지 돌아보는 계획을 세우기도 했다.

도산은 이상촌 건설의 대상지로 내몽골 지역까지도 주목했다. 한인들의 이주가 이루어진 곳은 내몽골의 포두진이었다. 이곳에는 1923년 평북 출신의 신우현 외 4명의 한인이 3,000여 원의 자금으로 토지를 구입해 수백 명의 한인을 이주케 할 계획이었다. 1926년 이들은 배달농장을 세우고 포두성 내에 배달학교를 세워 운영했다.

1926년 미국에서 돌아온 도산은 이상촌운동을 재개했다. 1927년 도산은 흥사단원 유기석과 함께 만주 지역 동경성과 경박호 연안을 답사하며 지세와 풍토, 수리 관계 등을 세밀하게 조사했다. 이 무렵 흥사단원 손정도는 경박호 일대 50향의 땅을 매입해 농업공사를 경영한 바 있다.

1927년 4월에는 길림에서 홍사단원과 현지 독립운동가들이 연대해 협동조합 형태의 농민호조사를 세우고 운영하기도 했다. 농민호조사는 입회금과 연회비 1원씩을 납부하는 사원으로 집단 농촌을 경영하는 단체였다. 1인당 150원 이상의 출자금이 모이면 대규모의 토지를 구입해 경영할 계획이었다. 농민호조사는 길림의 최명식이 운영하는 정미소, 대동공사를 연락처로 삼았다.

도산은 만주를 돌아보면서 한인의 비참한 생활상을 살필 수 있었다. 1927년 8월 상해로 돌아온 도산은 삼일당 연설에서 그들의 생활상을 전달하고 이념과 주의를 떠나 일치 단결해 한인 생활 개선에 힘쓸 것을 강조했다.

도산은 양자강 연안의 진강鎭江 지역에도 관심을 가졌다. 1928년 3월 진강에 있는 감리교회 미국 선교사의 주선으로 미주 홍사단에서 모금한 3,000원으로 진강 부근의 중국인 소유 토지를 빌려 한인들을 이주시켜 이상촌을 건설하고자 했다. 도산은 이어 1928년 봄 이상촌 건설을 위해 다시 만주 길림성 일대를 답사했다. 3~4개월에 걸쳐 송화강 연안 일대를 조사한 바 있다.

그러나 문제는 자금을 마련하는 일이었다. 미주 지역에서 보내는 자금만으로는 한계가 있었다. 농민호조사도 세워 자체적으로 자금을 충당하는 것도 추구해 봤지만, 당장에 먹고살기도 어려운 생활에서 여유자금을 마련하는 것은 쉬운 일이 아니었다. 그러나 도산은 포기하지 않았다. 다음으로 택한 곳이 필리핀이었다.

필리핀에 가다

1929년 2월 도산은 동서인 김창세와 함께 필리핀에 갔다. 이 무렵 도산의 관심은 독립운동 기지 개척을 위한 이상촌을 물색하는 데 집중했다. 처음 만주 내지 중국 관내 지역에서 물색하던 이상촌 대상지를 필리핀까지 확대시켰던 것이다. 1929년 2월 9일부터 3월 30일까지 50여 일간의 필리핀을 여행하는 동안 주된 관심은 논농사가 가능한 지역이 어디인지, 이민의 조건은 어떠한 것인지 등을 조사하는 것이었다. 도산은 먼저 필리핀 이민국을 방문해 한인들의 이주문제를 협의했다. 그러나 예상했던 것보다 한인들의 필리핀 이주는 쉽지 않았다. 필리핀 이민국은 이민 조건으로 일본여권과 1인당 50원의 보증금을 요구했기 때문이다. 도산은 가능하다면 만주 지역의 한인을 필리핀으로 이주시킬 계획이었지만, 일본여권을 받는다는 것은 사실상 불가능한 일이었다. 또 보증금으로 1인당 50원이란 금액도 현실적으로 어려운 일이다. 가령 1,000명을 이주시키려면, 보증금만 5만 원이 필요했다. 보증금 외에도 이주경비, 현지 토지구입비까지 포함하면 최소한 10만 원이 드는데, 그런 자금을 동원할 수 있는 형편이 아니었다. 도산은 필리핀 상원의장 케손Quezon을 비롯한 민주당 지도자들과 만나 한인의 이주문제를 의논했다.

도산이 필리핀을 방문할 당시 필리핀에 거주하는 한인들은 50여 명이었다. 이들은 나라를 잃은 상황에서 국제적 미아의 처지였으나, 그들 역시 민족독립에 대한 열의를 지니고 있었다. 도산은 "우리 동포 형제들은 어디를 가든지 서로를 사랑하며 서로 도와야만 이것이 곧 우리의 혁명적 생활이며, 즉 우리의 민족적 정신"이라면서 한인들의 결속을 주장했다.

한인들은 필리핀이 미국의 식민지인 관계로 미주의 대한인국민회 소식을 전해 듣고 있었다. 이들은 대한인국민회의 필리핀지회를 설치할 의지가 강했다. 도산은 그들의 뜻을 받아들여 필리핀 최초의 한인단체인 대한인국민회 필리핀지회를 설립할 수 있었다. 『신한민보』(1929. 3. 1)에는 필리핀 교민 강진수가 보낸 "조국에 대한 의무를 만분지 일이라도 다하여 볼까 하는 열렬한 생각으로 금년에 우리 국민회가 성립되었습니다"라는 내용의 기사가 실리기도 했다. 마침 삼일절을 맞이해 도산은 필리핀 마닐라에서 대한인국민회 필리핀지회의 한인들과 함께 삼일절 기념행사도 거행했다.

이민 조건이 까다로운 상황에서도 도산은 포기하지 않고, 벼농사에 적합한 지역을 물색하는 데도 노력을 아끼지 않았다. 그 대상지로 꼽힌 곳이 루손섬 북구 벵게트주의 바기오 지역이었다. 이곳은 소나무가 많아 '파인즈시The City of Pines'라고도 불리는 곳이었다. 필리핀이 미국의 식민지배를 받으면서 이곳은 미국인의 휴양지로 개발되었으며, 도산이 찾을 무렵 아시아의 열대지역에서 가장 살기 좋은 곳으로 명성을 얻고 있었다. 열대지역이라 하나, 가장 더울 때가 섭씨 26도 정도였으며, 여름에는 평균 섭씨 20도 정도로 서늘한 기후 조건을 지니고 있었다. 이곳은 마치 한국의 봄·가을 같은 기온을 유지하고 있었다. 도산은 1929년 2월 23일부터 26일까지 바기오시를 중심으로 루손섬 북쪽의 여러 곳을 둘러

도산이 답사한 필리핀 파인즈마을 전경

보았다. 쾌적한 날씨와 기온으로 루손섬 북쪽은 벼농사에 아주 적합한 곳이었다. 특히 발릴리강 주변의 귀새드·루크방·트리니다드 지역은 농사를 짓기에 적합한 환경 조건을 갖추고 있었다. 그래서 이곳에는 일찍부터 일본인들이 이주해 농사를 짓고 있었다.

그렇지만 필리핀 이민국의 까로운 이민 조건을 극복하지 못한 채 필리핀에서의 이상촌 건설은 더 이상 진전시킬 수가 없었다. 1929년에 설립된 국민회 필리핀지회는 그 후 『신한민보』에 거의 언급되지 않는 것으로 보아 별다른 활동을 하지 않은 것으로 보인다. 1942년 일본군이 필리핀을 점령하면서 필리핀의 한인들은 뿔뿔이 흩어졌고, 1945년 2월 마닐라가 미군에 의해 탈환되면서 필리핀의 한인들은 삼일절을 맞이해 '필리

핀 한인동맹회'를 조직했으며, 그해 9월 8일 '대한인국민회 필리핀지방
회'를 재건했다.

피체와 순국,
무엇을 남겼는가

윤봉길 의거와 피체

1932년 4월 29일 상해 홍구공원에서 일어난 윤봉길尹奉吉(1908~1932)의 의거는 세계를 진동시켰다. 홍구공원에는 일왕의 생일인 천장절과 일본군 상해 점령 전승을 기념하는 행사가 열리고 있었다. 1931년 9월 만주를 침공한 이래 일제는 1932년 1월 상해를 기습 공격했다. 괴뢰 만주국의 성립에 세계의 이목이 집중되는 것을 다른 곳으로 돌리기 위해 상해를 침략한 것이다. 중국 국민당 군대가 저항해 보았지만 일본군의 공세에 밀려 패퇴하고 말았다. 이날의 행사는 일제가 아시아의 패권국가를 선포하는 자리였다. 중국의 국민당 군대는 그들의 안방에서 벌어지는 행사를 속수무책으로 지켜보고만 있었다. 그때 한국 청년 윤봉길이 단신으로 뛰어들어가 의거를 결행한 것이었다. 의거가 일어나자 중국 국

거사에 앞서 태극기 앞에 선 윤봉길 의사(1932. 4. 26)

민당의 장제스蔣介石(1887~1975)는 "중국의 100만 명 대군도 해내지 못한 일을 한국인 청년이 해냈다"며 의거를 높이 평가했다. 이후 장제스는 한국 독립운동을 전폭적으로 지원했다. 실로 윤봉길 의거는 다 꺼져 가는 독립운동을 회생시키는 기폭제가 되었던 것이다.

그러나 독립운동계에서 오직 단 한 사람의 희생이 따랐으니, 도산의 피체였다. 윤봉길 의거는 극비리에 진행되어 사전에 임시정부 인사조차도 알 수가 없었다. 의거 당일 윤봉길 의사를 배웅한 직후, 김구는 사람을 시켜 도산에게 "오늘 큰일이 일어날 것 같으니 오전 10시 이후 댁에 있지 말 것"을 부탁하는 내용의 편지를 보냈다.

그러나 편지를 받기 이전에 도산은 이춘산(이유필)의 집으로 향하고 있었다. 이유필이 폭탄을 건네주었다는 일제의 정보에 따라 프랑스 공무국 경찰들이 이유필 집에 잠복하고 있던 터였다. 마침 이유필 집에 들렀던 도산은 그곳에서 프랑스 공무국 경찰에 의해 체포되었고, 5월 1일 일본헌병대로 인도되었다. 한인 11명도 붙잡혔지만 윤봉길 의거와 관계가 없음이 판명되어 풀려 나올 수 있었다. 다만 청년 2명이 도산과 함께 한국으로 압송되었다.

도산이 체포되자 임시정부는 상해의 프랑스 공무국에 항의하는 한편 파리의 서영해徐嶺海(1902~?)에게 전보로 프랑스 정부에 강력 항의할 것을 지시했다. 서영해는 5월 17일자 프랑스 언론에 「유럽의 자유 양심에 고함(APPEL A LA CONSCIENCE LIBRE DE L'EUROPE)」이란 글을 실어 일제의 야만적 억압을 호소했다. 도산 체포는 자유를 존중하는 프랑스의 전통에도 위배되는 것이라며 도산의 석방에 힘써 줄 것을 주장했다. 프랑스의 양심적 인사들도 동감하며 외무장관에게 도산이 윤봉길 의거와 관련이 없음을 알리는 서한을 보내기도 했다.

도산을 구출하기 위한 노력이 다방면에서 시도되었다. 한인거류민 단장 이유필도 상해 프랑스총영사에게 서한을 보내, 프랑스의 조치는 한국인들을 보호했던 프랑스의 정책에 위반되는 것이며 정치적 망명가들을 환대했던 프랑스의 전통을 깨트리는 것인바 프랑스 정부와 협의할 것을 요청했다.

도산은 자신이 중국 국적을 갖고 있으므로 일본인의 관할을 받지 않는 것이 정당하다고 역설했으나 프랑스 경찰은 이를 무시했다. 그리고 법원 수속 절차도 생략한 채 상해 일본영사관에 도산을 인계하고 말았다. 프랑스 공무국이 도산을 체포해 일본에 넘긴 것은 명백히 국제법을 위반한 것이었다. 도산의 변호를 맡았던 미국인 변호사는 도산이 식민지화되기 이전에 한국을 떠났기 때문에 '일본 당국에 등록된 적이 결코 없는 한국인'이라는 사실과 윤봉길 의거와 관계되지 않은 인물이라는 점을 역설했다. 중국 외무부도 프랑스 총영사에 강력히 항의했다. 도산이 중

일경에 취조받을 당시 도산

국에 귀화한 중국인이라는 점을 내세웠다. 그러나 일제는 도산이 중국 귀화증서를 가지고 있지만, 한국 국적을 이탈하는 조치를 취하지 않았기 때문에 일본 지배를 받는 한국인으로 처리할 수 있다고 강변했다.

도산은 국내로 압송되기 전 5월 27일 미국에 있는 아내에게 편지를 보냈다.

나의 사랑하는 아내, 혜련

내가 일평생 당신에게 위로와 기쁨을 준 것이 없었고, 이제 느지막에 와서 근심과 슬픔의 재료를 주니 당신을 대하여 미안함이 끝이 없습니다.

당신뿐 아니라 당신 이외에 나를 위해 우려하는 여러분을 향해 더욱 미안합니다. 그러나 과도히 근심하지 마소서. 나와 같은 길에서 걸어가다가 나보다 먼저 철창 밑에서 고생한 사람이 얼마입니까. 이제 내가 이만한 고생을 받는다고 특별히 슬퍼하고 한할 것이 무엇입니까. 다만 나의 과거를 돌아보건대 무엇을 한다는 것이 모두 위명뿐이었고, 실제로는 아무것도 이룬 것이 없이 공연히 여러 사람에게 근심만 끼치게 되었으니 이것을 위하여는 스스로 부끄러워하고 스스로 책망함을 마지아니합니다. 그러나 당신은 당신의 남편이 살인이나 강도범으로 이 경우에 처하지 아니한 것만을 생각하고 스스로 위로하심을 바라옵니다. …

5월 27일

당신의 남편

도산은 오히려 아내가 걱정하는 것을 위로하면서, 담담하게 형무소의 일상을 받아들이고 있었다.

도산이 일본영사관에 갇혀 있는 동안 한국과 중국의 각 단체와 친우들이 그를 구출하려고 애를 썼으나 효과도 없이 마침내 도산은 6월 2일 서울로 보내졌다.

국사적 풍모

도산은 1932년 6월 7월 인천항에 도착했다. 거국가를 남기고 떠난 지 22년 만에 영어囹圄의 몸으로 돌아온 것이다. 도산은 경기도 경찰부로 넘겨져 다음 날부터 취조를 받았다. 경찰의 취조는 6월 8일부터 6월 17일까지 6차에 걸쳐 이뤄졌다. 그리고 7월 15일 검사국 송치 이후 7월 19일부터 25일까지 검사의 취조를 받았다. 취조를 받는 동안 도산의 건강은 몰라볼 정도로 악화되었다. 그럼에도 도산은 의연한 자세를 잃지 않았다. 다음은 심문 내용의 일부이다.

"조선의 독립이 가능하다고 생각하는가?"

"대한의 독립은 반드시 된다고 믿는다."

"대한민족 전체가 대한의 독립을 믿으니 대한이 독립될 것이오, 세계의 공의公義가 대한 독립을 원하니 대한의 독립이 될 것이오, 하늘이 대한의 독립을 명하니 대한은 반드시 독립할 것이다."

"일본의 실력을 모르는가?"

"나는 일본의 실력을 잘 안다. 지금 아시아에서 가장 강한 무력을 가진 나라다. 나는 일본이 무력만큼 도덕력을 겸해 갖기를 동양인의 명예로서 원한다. 나는 진정으로 일본이 망하기를 원치 않고 좋은 나라가 되기를 원한다. 이웃인 대한을 유린하는 것은 결코 일본의 이익이 아니 될 것이다. 원한 품은 2,000만을 억지로 국민 중에 포함하는 것보다 우정 있는 2,000만 이웃 국민으로 두는 것이 일본의 득일 것이다. 대한의 독립을 주장하는 것은 동양의 평화와 일본의 복리까지도 위하는 것이다."

육체는 비록 병마에 시달렸지만 정신과 의지만큼은 조금도 흔들림이 없었다. 오히려 독립에 대한 확신과 믿음이 분명하고 더욱 강인해 보였다. 무력만을 앞세운 일제의 앞날을 걱정할 정도였다. 대한의 독립이 동양평화와 일본의 이익을 위해서도 필요하다는 도산의 지적에는 일본 검

판결을 받고 형무소로 호송되는, 용수를 쓴 도산(1932)

사도 말을 잇지 못했다.

　도산이 감옥에 있자, 변호를 맡겠다는 사람들이 줄을 섰다. 그것도 무료 변론을 자청하고 나섰다. 그러나 도산은 단호하게 변호사의 변론을 거절했다. 변호사 이인李仁(1896~1979)이 찾아갔을 때 도산은, "숙원인 민족과업을 성취 못하고 적에게 사로잡힌 몸이 민족을 대할 면목조차 없다. 무슨 구구한 변론이 필요하겠느냐"며 단호히 거절했다. 그와 함께 사식도 절대 차입하지 말 것을 친지에게 당부했다. 감옥에 있는 다른 사람들에 비해 특혜를 누리는 것이 부담스러운 때문이었다. 그런데 며칠 뒤 이인을 불러 변호인을 선임해 줄 것을 부탁했다. 그 이유는 바깥과 연락할 사람이 필요한데, 감시가 심해 일반인들은 출입이 어려우므로 변호인을 통해 바깥 연락창구가 되어 주었으면 하는 것이었다. 이에 이인과 김병로金炳魯(1886~1964), 김용무金用茂(1891~1951?) 등으로 변호인단을 구성했다.

법정에 선 도산은 의연하고 근엄하며 추호의 궁색함이 없었다. 재판장이 묻는 말에는 간략한 대답뿐 구구한 변명이 없었다. 이런 도산의 태도에 일본 재판관들도 감탄해 마지않았다. 과연 국사國士적 풍모가 이런 걸 두고 하는 말이구나를 알아채는 듯했다. 심지어 도산은 일제 관헌들의 동정적 호의에 감사를 표할 정도로 도량이 넓었다. 때문에 검사·예심판사·재판장들이 한결같이 도산의 고매한 인품에 대한 존경을 표했다.

도산의 공판은 길게 가지 않았다. 단 1회의 공판으로 결심이 되었다. 그리고 1주일 후인 1932년 12월 26일 징역 4년형을 받았다. 그런데 도산은 항소를 하지 않았다. 감형을 구걸하는 것이 싫었기 때문이다. 도산은 서대문형무소에서 1933년 2월 대전형무소로 이감되었으며, 1935년 2월 10일 대전형무소에서 가출옥했다.

도산은 대전감옥에서 출옥하자 전국을 두루 찾아다녔다. 그때마다 도산을 만나려는 사람들로 인산인해를 이루었다. 그렇지만 일경은 도산과 일반인들의 만남을 철저히 차단하고 나섰다. 이무렵 도산의 건강은 매우 쇠약해 있었다. 이때 전하는 일화로는, 도산이 양식을 좋아해 종로 2가의 백합이란 음식점과 서울역 2층 식당에서 양식을 즐겼다고 한다. 그중 서울역 식당의 음식을 더 좋아했으며, 점심 메뉴로는 달걀 프라이·토스트·커피가 전부였다고 한다.

대전형무소에서 가출옥하는 도산과 그를 마중한 여운형(1935)

자료에 의하면 도산은 1935년 9월 5일 압록강 대안의 안동청년회의 초청만찬회에서 대공주의에 관한 연설을 행한 것으로 전해지고 있다. "우리 중에 인물이 없는 것은 인물이 되려고 마음먹고 힘쓰는 사람이 없는 까닭이다. 인물이 없다고 한탄하는 그 사람 자신이 왜 인물 될 공부를 안 하는가? 나는 최후로 국가제일, 민족지상의 이념에서 내 나라를 부하게 하고 내 민족을 흥하게 함에는 민족자본주의를 주장하며, 최근 사회혁명사상에는 민족평등·정치평등·경제평등·교육평등 등 4대 평등인 대공주의를 적극 주장한다"며 연설했다고 한다. 이것이 사실이라면 도산이 자신의 사상인 대공주의를 공식적으로 처음 표명한 것이 된다.

도산은 1936년 평양에서 서쪽 30리 대보산 중턱의 송태산장 옆에 조

송태산장

그만 기와집 한 채를 짓고 처벽사라 이름했다. 이 산장은 평양에서 진명
여학교를 운영하던 조신성 여사의 소유로, 옛날 절터에 지은 집이다. 집
을 짓는데 설계를 비롯해 공사를 감독하는 일체의 모든 것을 도산 자신
이 맡아 했다고 한다.

영면하다

1937년 일제는 전국에 걸쳐 동우회 회원 70여 명을 검거해 경기도 경
찰부와 종로경찰서에 수감했다. 이때 도산도 1937년 6월 28일 송태산
장에서 일경에 붙잡혀 서울로 압송되었다. 일경이 도산에게 사실을 말

하지 않으면 고문을 할 텐데 병약한 몸으로 감당할 수 있겠는가 하며 협박을 했다. 그러자 도산은 조금이라도 고문을 가한다면 일언반구도 응답하지 않을 것이라고 응답했다. 그래서 고문 없이 취조를 받을 수 있었다. 또 전향으로 회유하기 위해 온갖 유혹과 협박을 가했으나, 그때마다 도산은 전향을 하고 안 하고는 나의 자유의사에 따른 것이니, 유치장에 갇혀 있는 몸으로 전향을 한다면 그것이 무슨 전향이겠는가 하고 묵살해 버렸다.

옥중에서 도산은 위하수증으로 고통을 겪고 있었다. 4~5분 만에 한 번씩 트림과 기침을 반복했다. 도산이 감옥으로 넘어가는 11월 1일은 날씨가 매서웠다. 이때 도산의 건강은 말이 아닐 정도였다.

도산은 1937년 12월 24일 병보석으로 나와 재판소가 지정한 경성제국대학부속병원에 입원했다. 간경화 말기 증상으로 일종의 담독증이 일어나 무의식 상태에 빠질 정도였다. 그럼에도 일제는 도산의 병문안을 극도로 제한했다. 그의 생질과 박정호라는 청년이 겨우 순번으로 간호를 했다. 그리고 이갑의 딸 이정희가 가끔 드나들었다. 입원 비용은 미국의 동지들이 송금해 왔고, 경찰의 눈을 피해 병실을 찾아와 위문하고 금품을 두고 가는 이도 있었다.

도산이 입원한 경성제국대학부속병원 주변은 경찰들의 감시가 삼엄하여 친척과 친구들이 병문안을 할 수 없었다. 도산이 선우훈에게 남긴 최후 유언은 다음과 같다.

슬퍼하지 마라. 나는 죽음의 공포가 없다. 나는 죽으려니와 내 사랑하는 동포들이 그렇게 많은 괴로움을 당하니 미안하고 마음이 아프다. 일본은 자기 힘에 지나치는 큰 전쟁을 시작했으니 필경 이 전쟁으로 인하여 패망한다. 어떤 곤란이 있더라도 인내하라. 내가 죽은 후에 내 몸은 내가 평소 아들 같이 여긴 유상규 군 곁에 묻어 달라.

도산과 유상규는 상해 시절부터 알고 지냈다. 유상규는 의사로서 당시 경성제국대학부속병원에 있었다. 유상규는 극진히 도산을 보살폈으나 불행하게도 유상규는 급환으로 사망했다.

도산은 1938년 3월 10일 61세를 일기로 영면했다. 도산이 서거한 후 일제의 감시와 통제는 더욱 심해졌다. 미국에 있는 유족에게는 전보로 부고를 보내 아무도 오지 말라고 했다. 도산의 장례식도 극도로 제한했다. 참석자를 20명 이내로 제한했고, 조문객은 10여 개 항목의 신청서를 작성해야 했다. 장례식에 참석한 사람은 오윤선·조만식·김지간 등이었다. 묘지는 조카 사위인 김봉성이 자기 부친을 위해 망우리에 장만했던 자리로 모시기로 했다. 마침 유상규의 무덤 위쪽에 위치하고 있었다. 일경의 철저한 통제 아래 발인에는 여동생과 조카, 그리고 부인 몇몇이 눈물을 짓고 따를 뿐 망우리 묘소로 향하는 장례 정경은 처량하기 그지없었다.

그러나 국내와 달리 국외 한인사회에서는 어디에서나 추도의 물결이 잇달았다. 앞서 보듯이 중국에서는 장사에서 대한민국 임시정부장으로 추도식이 거행되었고, 한구에서는 조선민족전선연맹 청년들의 추도행사가 열렸다. 하와이 국민회는 3월 13일 총회관에서 추도회를 거행했

미국 캘리포니아주
리버사이드에 세워진 도산의 동상

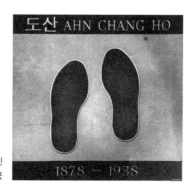

미국 애틀랜타 세계인권명예의 전당에 새겨진
도산의 발자국

다. 미주의 『신한민보』(1938. 3. 17)는 「도산안창호선생추도특별호」를 발행하고 3월 20일 유니버시티교회에서 추도식을 가졌다. 그리고 멕시코와 쿠바에서도 도산을 기리는 추모회가 곳곳에서 열렸다. 이처럼 독립운동계와 한인사회는 혁명 영수의 마지막 가는 길을 추모해 마지않았다.

도산은 독립 달성을 보지 못한 채 일제의 악형에 의해 순국했다. 그러나 마지막까지 사랑하는 동포들이 당해야 하는 고통에 가슴 아파했으며, 일제의 패망을 예견하고 광복이 다가왔음을 확신했다. 그리고 도산의 믿음대로 광복이 찾아왔다.

도산은 무엇을 남겼는가

미국 애틀랜타의 '세계인권명예의 전당(International Civil Right Walk of Fame)'에는 아시아인으로 처음 안창호의 발자국이 헌액되었다. 캘리포니아주 리버사이드에는 마틴 루터 킹, 마하트마 간디의 동상과 함께 도산의 동상이 나란히 세워져 있다. 도산이 인간의 자유와 평화를 빛낸 세계적 인물로 기억되고 있는 것이다. 정녕 자랑스런 일이 아닐 수 없다.

그러나 도산은 기념물로 상징되는 것보다 그 이상의 것을 역사에 남겼다. 독립운동의 역사에서 찬연하게 빛나는 광채도 그렇지만, 한국 민족이 새겨야 할 미래의 꿈을 펼쳐 놓았다. 도산은 그런 점에서 선각자일 뿐 아니라 미래를 준비한 혁명가였다. 독립운동의 과정에서도 광복 후의 민족혁명까지 일궈낸 이가 도산이었다. 도산이 그토록 강조한 '거짓이 없는 참인간'은 인간주의의 실현에서 최고의 수준에 도달하고 있었다. 도산은 인간주의에 의한 한국 민족의 앞날을 제시하며, 세계 평화로 나아가길 염원했다. 민족에 그치지 말고 세계 평화에 공헌하는 민족이 될 것을 바라고 또 바랐다.

독립운동의 완성은 민족 통일이라 말한다. 그런 점에서 한국의 독립운동은 미완성이고, 아직도 진행상에 있다. 분단 민족으로는 진정한 민족의 자유와 평화를 누릴 수 없다. 더욱이 세계 평화에 공헌할 수도 없다. 도산은 민족독립을 최고의 목표로 삼고 평생을 바쳤다. 민족 독립을 위해 민족통합을 누구보다 강조한 이가 도산이었다. 그가 제창한 대공주의는 민족통합사상의 결정체였다. 대공주의에는 이념과 주의도 문제가 되지 않았다. 심지어 종교, 인종도 초월하고 있었다. 분단으로 얼룩진 오늘날, 100여 년 전의 대공주의는 민족의 숙원인 통일을 열어가는 길을 밝히고 있다. 그것은 도산이 우리에게 남겨준 가장 귀중한 유산이다.

1878	11월 9일 평남 강서군 초리면 칠리 도롱섬에서 아버지 안흥국과 어머니 제안 황씨 사이에서 3남으로 태어나다
1884	도롱섬에서 평양 대동강 국수당으로 이사하다
1886	대동군 남관면 노남리로 다시 이사를 하다
1891	서당에 출입하며 필대은을 만나다
1894	서울에 올라와 민노아학당에 들어가다
1897	필대은과 함께 독립협회에 가입, 만민공동회에서 연설하다
1898	평양에서 쾌재정 연설로 이름을 날리다
1899	고향에서 점진학교와 탄포리교회를 세우고, 이석관의 딸 이혜련과 약혼하다
1902	9월 밀러 목사의 주례로 제중원에서 결혼식을 올리고 다음 날 미국 유학 길에 오르다
1903	샌프란시스코에서 9명으로 이루어진 한인친목회를 만들고, 노동주선소를 설립하다
1905	샌프란시스코에 도착한 헐버트가 국내의 위급한 상황을 알리다 공립관을 마련하고, 순국문 기관지 『공립신보』를 창간하다 샌프란시스코에서 공립협회를 세우다
1906	로스앤젤레스지방회를 설립하다. 공립협회와 하와이 에와친목회와 함께 재미한인공동대회를 개최하고 한국 정부에 배일 결의문을 발송하다

1907	1월 미국 샌프란시스코를 출발해 2월 한국에 도착하다
	4월 신민회를 창설하다
	8월 대한문 앞에서 강제 해산에 반대하는 시위대 군인들이 최후 항전을 펼칠 때 부상병을 치료하다
1908	2월 공립협회가 블라디보스토크에 공립협회 조직을 확장하기로 결의하다
	8월 청년학우회를 설립하다
	9월 평양에 중등 사립학교 대성학교를 세우다
1909	이토 히로부미와 면담하고, 대연설회에서 한국인의 각성을 외치다
	2월 공립협회와 하와이의 한인합성협회가 국민회로 통합하다
	10월 안중근 의거 직후 서울의 용산헌병대에 투옥되다
1910	3월 신민회 긴급 간부회의에서 독립전쟁의 전략을 채택하고, 독립군 기지 건설을 계획하다
	4월 거국가를 남기고 망명하다
	7월 청도에서 신민회 동지들과 청도회의를 열다
	8월 29일 대한제국이 멸망하다
	8월 연해주 블라디보스토크로 가다
1911	5월 말 블라디보스토크에서 시베리아열차를 타고 러시아의 수도 상트페테르부르크를 거쳐, 베를린, 런던을 경유해 9월 3일 미국 뉴욕항에 도착하다
1912	11월 20일 정식으로 대한인국민회 중앙총회 선포식을 거행하다
1913	12월 흥사단창립위원회를 구성하다
1915	하와이를 방문하다
1917	6월 이승만과 박용만의 화해를 위해 하와이로 가 4개월을 머물다
	10월 멕시코를 순방해 10개월간 머물다

1918	10월 멕시코에서 돌아와 파리강화회의와 뉴욕약소국동맹회에 한국 대표를 파견할 것을 결의하다
1919	3월 9일 원동통신원 현순이 전보로 3·1운동 소식을 전하다
	3월 24일 대한인국민회 중앙총회에서 도산의 중국 파견을 결의하다
	5월 25일 상해에 도착하다
	7월 연통제를 시행하다
	9월 통합 임시정부를 성립하다
1920	1월 독립전쟁을 선포하고, 지방선전부를 설치하다
	3월 대한독립청년단의 부설 의용대를 대한광복단으로 개편하다
	8월 북경에서 미 의원단을 만나 자치운동을 반대하다
	12월 흥사단 제7회 대회가 상해에서 열리다
1921	2월 13명의 연서로 '아동포에게 고함'을 발표하다
	5월 국민대표회기성회촉성회를 조직하다
	5월 도산이 임시정부 노동국 총판직을 사임하다
	9월 흥사단 원동위원부가 정식 출범하다
1923	국민대표회의, 1월부터 5월 15일까지 63차에 걸쳐 회의를 열다
	내몽골의 포두진에서 한인촌을 건설하다
1924	3월 중국 남경에서 동명학원을 설립하다. 3년 과정의 영어과와 중어과, 1년 과정의 대학 예비과를 두다
	11월 상해를 떠나 12월 16일 미국 샌프란시스코에 도착하다
1925	4월 미국 동부 지방을 순회하며 한인들을 만나다
	6월 미국 노동부 이민사무국에 불려가 조사를 받다
1926	배달농장과 배달학교를 세우다
	5월 미국을 떠나 상해에 도착하다
	7월 삼일당 연설을 통해 민족대당촉성운동 공식 활동을 펴 나가다

8월 북경에서 원세훈과 민족대당운동을 논의하다

10월 대독립당조직북경촉성회를 결성하다

1927   2월 길림에서 강연 중 중국 경관에 붙잡혔다 20일 만에 석방되다

4월 길림 신안둔에서 정의부가 주도한 제1회 각 단체 대표회의에 참석하다. 흥사단원 유기석과 함께 만주지역 동경성과 경박호 연안을 답사하고, 길림에서 농민호조사를 세우다

5월 중국 광주에서 의열단 주도로 대독립당광동촉성회를 결성하다

7월 무한에서 한국유일독립당무한촉성회가 창립되다

9월 남경에서 한국유일독립당남경촉성회가 창립되다

11월 상해에서 한국독립당관내촉성연합회가 결성되다

1928   봄 이상촌 건설을 위해 만주 길림성 일대를 답사하고 송화강 연안 일대를 조사하다

3월 중국 진강에 있는 감리교회 미국 선교사의 주선으로 미주 흥사단에서 모금한 3,000원으로 이상촌 건설을 계획하다

1929   2월 동서인 김창세와 함께 50일간 필리핀을 찾다. 필리핀 상원의장 케손을 비롯한 민주당 지도자들과 만나 한인의 이주문제를 논의하다. 국민회 필리핀지회를 세우다. 미국 동포들에게 흥사단을 혁명당으로 개편할 것인가를 논의에 부치다

1930   1월 상해에서 한국독립당의 창당을 주도하다

1932   4월 29일 중국 상해 홍구공원에서 윤봉길 의거가 일어난 날 체포되다

5월 파리의 서영해가 프랑스 언론에 「유럽의 자유 양심에 고함」을 발표하고 일제의 야만적 억압을 호소하다

6월 도산이 국내로 압송되다

8월 차리석이 『도산선생약사』를 저술하다

	12월 징역 4년형을 받다
1935	2월 10일 대전형무소에서 가출옥하다
1936	평양 대보산의 송태산장에 기거하다
1937	12월 병보석으로 나와 경성제국대학부속병원에 입원하다. 간경화 말기 증상으로 담독증이 일어나다
	6월 송태산장에서 일경에 붙잡혀 서울로 압송되다
1938	3월 10일 61세를 일기로 영면하다
	3월 23일 중국 한구에서 조선민족전선연맹이 도산추도식을 열다
	4월 15일 중국 장사에서 대한민국임시정부장으로 도산의 추도식을 거행하다
	4월 차리석이 『한국혁명영수 안창호선생사십년혁명분투사략』을 발표하다
1942	9월 차리석이 중경에서 「한국독립당 당의의 이론체계 초안」을 작성하다

참고문헌

자료

- 『공립신보』·『신한민보』·『독립신문』·『동아일보』·『조선일보』.
- 『대한민국임시정부공보』.
- 도산기념사업회 편, 『안도산전서』 상·중·하, 범양사, 1990.
- 도산안창호선생전집편찬위원회 편, 『도산안창호전집』 1~14, 도산안창호선생기념사업회, 2000.
- 독립기념관 한국독립운동사연구소 편, 『도산안창호자료집』 1~3, 한국독립운동사연구소, 1990.
- 흥사단100년사편찬위원회, 『흥사단100년사』, 사단법인 흥사단, 2013.

저서

- 강영심·김도훈·정혜경, 『1910년대 국외항일운동 Ⅱ – 중국·미주·일본』(한국독립운동의 역사 17), 한국독립운동사편찬위원회, 2008.
- 김도형, 『1920년대 이후 일본·동남아지역 민족운동』(한국독립운동의 역사 55), 한국독립운동사편찬위원회, 2008.
- 김희곤, 『대한민국임시정부 Ⅰ – 상해시기』(한국독립운동의 역사 23), 한국독립운동사편찬위원회, 2009.
- 신용하, 『독립협회연구』(신용하 저작집 5), 일조각, 2006.
- 윤경로, 『105인사건과 신민회 연구』(개정증보판), 한성대학교출판부, 2012.
- 이광수, 『도산안창호』, 대성문화사, 1947.

- 이명화, 『도산 안창호의 독립운동과 통일노선』, 경인문화사, 2002.
- 장석흥, 『임시정부 버팀목 차리석 평전』, 역사공간, 2005.
- 조동걸, 『한국독립운동의 이념과 방략』(한국독립운동의 역사 1), 한국독립운동사편찬위원회, 2007.
- 주요한 편저, 『안도산전서』, 삼중당, 1963.
- 최기영, 『잊혀진 미주 한인사회의 대들보 이대위』(한국의 독립운동가들 42), 역사공간, 2013.

논문

- 김도형, 「멕시코지역 대한인국민회의 조직과 활동」, 『국사관논총』 107, 국사편찬위원회, 2005.
- 김도훈, 「공립협회(1905~1909)의 민족운동 연구」, 『한국민족운동사연구』 4, 1989.
- 김용달, 「도산 안창호와 임시정부 국내특파원」, 『도산사상연구』 6, 도산사상연구회, 2000.
- 박만규, 「도산 안창호의 대공주의에 대한 일고찰」, 『한국사론』 26, 1991.
- 박민영, 「대한민국임시정부의 연통제 시행과 운영」, 『대한민국임시정부수립80주년기념논문집』 상, 한국근현대사학회, 1999.
- 반병률, 「도산 안창호와 성재 이동휘」, 『도산사상연구』 9, 도산사상연구회, 2003.
- 신용하, 「신민회의 창건과 그 국권회부운동」 상·하, 『한국학보』 8·9, 1977.
- 신주백, 「안창호와 1920년대 사회주의운동」, 『도산사상연구』 8, 도산사상연구회, 2002.
- 이만열, 「도산 안창호와 백범 김구」, 『도산사상연구』 8, 도산사상연구회, 2002.

- 이명화, 「도산 안창호의 독립운동과 노선」, 『안도산전서』 下, 도산사상연구회, 1993.
- 이명화, 「흥사단 원동임시위원부의 인적 구성과 그 성격」, 『한국근현대사연구』 22집, 2002.
- 이영석, 「안창호의 정치적 리더십 연구」, 고려대학교 박사학위논문, 2014.
- 이재호, 「안창호와 안정근·공근형제」, 『도산사상연구』 10, 도산사상연구회, 2004.
- 이현주, 「도산과 초기 미주 한인단체」, 『한국독립운동사연구』 31, 한국독립운동사연구소, 2008.
- 장규식, 「1900~1920년대 북미 한인유학생사회와 도산 안창호」, 『한국근현대사연구』 46, 2008.
- 장석흥, 「차리석의 '한국독립당 당의의 이론체계 초안(1942)'과 안창호의 대공주의」, 『한국독립운동사연구』 49, 2014.
- 장세윤, 「1920년대 이상촌 건설운동과 안창호」, 『중국동북지역 민족운동과 한국현대사』, 명지사, 2005.
- 조동걸, 「민족운동가로서의 도산」, 『도산안창호전서』 하, 도산사상연구회 편, 1993.
- 채영국, 「대한민국임시정부 교통국의 설치와 활동」, 『대한민국임시정부수립 80주년기념논문집』 상, 한국근현대사연구회, 1999.
- 한시준, 「도산 안창호의 피체와 석방운동」, 『역사학보』 210, 2011.
- 홍선표, 「백일규의 민족운동과 안창호」, 『도산학연구』 11·12, 도산학회, 2005·2006.

한국 독립운동의 혁명 영수 안창호

1판 1쇄 발행 2016년 12월 20일
1판 2쇄 발행 2019년 5월 13일

글쓴이 장석홍
기 획 독립기념관 한국독립운동사연구소
펴낸이 윤주경
펴낸곳 역사공간
        주소: 03996 서울시 마포구 월드컵로 100 한산빌딩 4층
        전화: 070-7825-9900
        팩스: 02-725-8801, 0505-325-8801
        E-mail: jhs8807@hanmail.net
        등록: 2003년 7월 22일 제6-510호

ISBN 979-11-5707-135-7 03900

역사공간이 펴내는 '한국의 독립운동가들'

독립기념관은 독립운동사 대중화를 위해 향후 10년간 100명의 독립운동가를 선정하여,
그들의 삶과 자취를 조명하는 열전을 기획하고 있다.